DE LA

PROPRIÉTÉ SPÉLÉOLOGIQUE

THÈSE POUR LE DOCTORAT

présentée et soutenue

le Jeudi 22 Juin 1899, à 8 heures 1/2

PAR

G. CORD

AVOCAT A LA COUR D'APPEL

PARIS

LIBRAIRIE NOUVELLE DE DROIT ET DE JURISPRUDENCE

ARTHUR ROUSSEAU

ÉDITEUR

14, rue Soufflot, et rue Toullier, 13

1899

THÈSE

POUR LE

DOCTORAT

DE LA
PROPRIÉTÉ SPÉLÉOLOGIQUE

THÈSE POUR LE DOCTORAT

L'ACTE PUBLIC SUR LES MATIÈRES CI-APRÈS

Sera soutenu le Jeudi 22 Juin 1899, à 8 heures 1/2

PAR

G. CORD

AVOCAT A LA COUR D'APPEL

Président : M. BOISTEL.

Suffragants : { MM. DESCHAMPS, PILLET, } *professeurs.*

PARIS

LIBRAIRIE NOUVELLE DE DROIT ET DE JURISPRUDENCE

ARTHUR ROUSSEAU

ÉDITEUR

14, rue Soufflot, et rue Toullier, 13

1899

DE LA PROPRIÉTÉ SPÉLÉOLOGIQUE

INTRODUCTION

—

I.   — Définitions.
II. — Intérêt de la question.
III. — Silence de la doctrine et de la jurisprudence.
IV. — Plan.

I. — Dire que le Code civil, malgré sa haute valeur, présente de nombreuses lacunes et se trouve être insuffisant pour résoudre toutes les difficultés de pratique qui naissent par suite de la complexité des intérêts en jeu et d'autre part par suite des nombreuses découvertes de la science moderne, c'est là un lieu commun et une chose qui serait inutile à dire si justement nous n'en trouvions pas un exemple frappant dans cette étude. — C'est à la doctrine, en premier lieu, à résoudre ces questions nouvelles qui surgissent des lacunes de nos lois modernes et cela en s'inspirant des grands principes généraux du droit; c'est ensuite à la jurisprudence à se prononcer, lorsque les procès naissent, et c'est à elle qu'il revient de trancher les débats litigieux en s'appuyant sur la doctrine.

Une de ces questions que semble ignorer le Code civil, qui ne s'est pas encore présentée en pratique et que la doctrine n'a pas encore effleurée, sera ici étudiée par nous : c'est la propriété spéléologique.

Que l'hypothèse de là propriété spéléologique ne se soit pas présentée à l'esprit des juristes qui ont fait le Code civil, cela se comprend aisément si l'on remarque qu'à ce moment les grottes et avens étaient peu ou plutôt pas connus quoique existant cependant ; en outre les quelques excavations naturelles connues à cette époque représentaient une valeur si minime que personne ne pouvait songer à se poser cette question fondamentale de propriété. Mais grâce aux découvertes récentes et si nombreuses de la science spéléologique, découvertes consistant dans l'invention de grottes et avens immenses jusqu'alors inconnues, une question s'est posée et doit être résolue, c'est celle de savoir à qui appartient cette grotte ou cet aven si étendu et qui aura peut-être, à cause de cette particularité, une valeur d'autant plus grande. Avant de faire voir les intérêts en jeu que soulèvera cette question de propriété, donnons quelques définitions pour la compréhension de ce sujet qui touche autant à la science qu'au droit.

Faisons appel à la science pour nous donner les définitions des mots : spéléologie, grotte et aven.

La spéléologie est la science des cavernes. Le mot seul indique bien le but et les limites de cette science. Le mot a été créé par M. Emile Rivière il y a quelques années d'après l'étymologie grecque suivante : ὁπήλαιον antre, λογοσ discours.

La grotte est, toute excavation naturelle qui s'enfonce dans la terre soit perpendiculairement, soit obliquement au sol, mais dans laquelle on pénètre de plein pied ou du moins sans qu'il y ait une grande différence de niveau entre l'entrée et les diverses parties de la grotte. Si au contraire il y a une différence énorme, considérable d'altitude entre l'entrée et la première salle intérieure de l'excavation, ce ne sera plus une grotte, ce sera un aven. Si, scientifiquement, il est parfois difficile de dire si on se trouve en présence d'un aven ou d'une grotte, au point de vue juridique qui est le seul qui doive nous occuper, cela est sans grande importance, les mêmes questions se présentant et demandant une solution analogue.

Pour donner une idée exacte de la grotte et de l'aven empruntons aux termes vulgaires une comparaison. La grotte ce sera quelque chose comme une de nos caves modernes, c'est-à-dire ce sera une excavation dans le sol, ne présentant pas ou ne présentant qu'une petite différence d'altitude avec le sol sur lequel la maison est bâtie. Au contraire l'aven ce sera quelque chose comme un puits, c'est-à-dire une excavation s'enfonçant perpendiculairement ou peu s'en faut dans le sol. Mais remarquons, qu'à la différence du puits, dans l'aven il n'y a jamais, ou rarement du moins, une excavation s'enfonçant perpendiculairement dans le sol ; l'angle naturel formé sera rarement un angle droit mais presque toujours un angle aigu ou obtus ; en outre à la différence du puits qui ne fait que s'enfoncer perpendiculairement, dans presque tous les avens il y a des salles de plus ou moins grande étendue qui s'ouvrent dans les parois du puits d'ouverture ou qui s'ouvrent au fonds même de l'aven ; tel un puits de mine qui possède à différentes hauteurs des galeries suivant les filons de minerai ; ces galeries, ces salles, se trouvent être superposées les unes aux autres. En outre signalons une particularité de l'aven sur un puits de mine : dans l'aven il arrive presque toujours qu'il y a une ouverture très large et un fonds très étroit, ou inversement une ouverture des plus étroites et un fonds des plus vastes, semblable à un entonnoir ou à un entonnoir renversé.

II. — Tel est l'aspect général de l'aven ou de la grotte et la première question juridique qui se pose à notre esprit est celle de la propriété de cette excavation spéléologique. A qui appartient cette grotte ? à qui appartient cet aven ? Il est facile de répondre, semble-t-il, avec l'article 552 du Code civil. « La propriété du sol comporte la propriété du dessus et du dessous », donc le propriétaire du dessus sera propriétaire de la grotte. Mais la grotte ayant une étendue très grande dans bon nombre de cas, nous aurons donc plusieurs propriétaires qui revendiqueront leur droit de propriété ;

aurons-nous alors des questions de propriété distincte à résoudre, ou aurons-nous une propriété indivise de la grotte? L'application de l'article 552 est-il si sûr que cela d'autre part? ne donne-t-il pas lieu à des difficultés sans nombre ? ne peut-on pas proposer d'autres systèmes ? Série de questions intéressantes à étudier.

Mais ce qu'il faut surtout voir dès le début de cette étude, c'est que cette discussion sur la propriété spéléologique n'est pas une pure discussion de mots ; au-dessus de cette discussion, on entrevoit des intérêts pratiques très sérieux, ce qui fait que la question se présentera sûrement dans un avenir plus ou moins proche devant les tribunaux. En effet, savoir qui est propriétaire d'une grotte, présente bien un certain intérêt s'il s'agit d'une grotte importante ; qui peut la vendre, qui peut l'exploiter? Questions qui dépendent de la solution de la question douteuse de la propriété. Que les grottes connues au commencement de ce siècle n'aient pas une valeur bien considérable (raison pour nous de l'oubli des rédacteurs du Code civil), cela n'a rien qui doive nous étonner si nous consultons la science spéléologique, qui nous enseigne qu'avant ces dernières années il n'y avait pas une seule grotte en France aménagée et exploitée pour le tourisme. Mais dans ces dernières années, un savant s'est trouvé (1) qui s'est mis à rechercher les grottes et avens en toute la France, une science

(1) M. Martel.

s'est créée cherchant à expliquer la formation, le creusement de ces cavités ; une société (1) s'est fondée à Paris pour encourager les spéléologues, publiant les résultats de leurs recherches tout en les aidant matériellement et scientifiquement (2). Le résultat de toutes ces recherches a été la découverte de nombreuses merveilles spéléologiques ; citons parmi les plus belles : la grotte de Dargilan (Lozère), l'aven de Padirac (Lot), l'aven Armand (Lozère), la grotte des Demoiselles (Hérault). La grotte de Dargilan a été achetée par une société commerciale, « la France pittoresque », espèce d'agence de voyages semblable à l'agence Cook et qui a pour but l'exploitation des merveilles naturelles de notre pays ; chaque année, cette grotte reçoit la visite payante de plusieurs milliers de touristes français ou étrangers. Le puits de Padirac, autrefois impraticable, est aujourd'hui aménagé et visité tous les jours par des caravanes de touristes ; une société en vue de ce résultat s'est formée et a réuni les capitaux néces-

(1) Société de spéléologie, fondée à Paris en 1894, ayant son siège social dans cette ville, 7, rue des Grands-Augustins.

(2) « Il appartenait à MM. Martel et Gaupillat, et avec eux à MM. Vallot, Raymond, Arnal, Pons, Mazauric, Rupin, Mémin, Renault, Cord, Janet, Küss, Chevrot, Belloc, Galimard, Fournier, l'abbé Albe, etc., de fonder et de faire progresser la spéléologie. » *Revue Scientifique*, année 1899, article Viré, p. 228. — L'auteur de ces quelques lignes, M. Viré, ne pouvait se citer comme un des plus actifs et des plus vieux spéléologistes. Ce qu'il ne pouvait faire, nous le faisons et le plaçons au premier plan.

saires pour son aménagement et son exploitation à l'aide d'escaliers en fer de 50 mètres de hauteur et de bateaux (1). L'aven Armand n'est pas encore accessible aux touristes, mais le sera sous peu. La grotte des Demoiselles, près de Ganges, sera aménagée au cours de cet été grâce à une société commerciale qui vient de se créer à cet effet. Cette énumération très incomplète n'est pas ici déplacée, nous l'avons dressée uniquement pour faire voir la valeur commerciale de ces excavations non exploitées et même inconnues il y a dix ans à peine. Il faut tenir compte du développement des voies ferrées qui ont eu comme conséquence directe de rendre très visitées de nos jours les contrées les plus pittoresques de notre pays, contrées qui étaient totalement inconnues du public au début de ce siècle. Il faut en outre tenir compte de l'extension du tourisme en France et à l'étranger, extension dont nous n'avons pas su tirer tout le parti possible, mais dont un petit pays voisin, la Suisse, a fait sa principale industrie. La Suisse, par suite de ses curiosités naturelles qu'elle offre aux touristes, à raison de son climat exceptionnel pendant

(1) Le puits de Padirac, aménagé par les soins de la « Société pour l'exploitation du Puits de Padirac », a été inauguré solennellement et officiellement par le Ministre de l'Instruction publique le 11 avril 1899. Tout le mérite de l'installation revient à M. Viré. Pour indiquer l'importance de ce puits à peine connu, citons les chiffres de recette d'avril : entrées du 15 avril au 30 avril : 220 ; or, comme chaque visiteur paye 5 francs de droit d'entrée, cela fait 1,100 francs de recettes pour les deux premières semaines.

l'été, reçoit chaque année la visite de centaines de mille de touristes, et les sommes dépensées par eux dans les hôtels se sont élevées à 40 millions, d'après les recettes des hôteliers pendant les 3 mois d'été de 1897. Pourquoi certaines régions de France n'attireraient-elles pas les touristes comme le fait la Suisse ? Les grottes visitées sont maintenant nombreuses ; celles de notre pays sont les plus belles d'Europe (1); bien beau serait le parti que l'on pourrait en tirer pour faire venir et retenir les étrangers chez nous. Tout ceci dit, voit-on, maintenant, l'importance de la propriété spéléologique ? Ces grottes et avens se vendraient par centaines de mille francs si on les mettait en adjudication. Nous pouvons donc tirer de ce rapide exposé la conclusion suivante : La question de la propriété spéléologique n'est pas une question dénuée d'intérêt pratique, comme on pourrait le croire au premier abord, elle doit être étudiée avec soin et minutie.

III. — La question de propriété des grottes ou avens n'est résolue ni en doctrine ni en jurisprudence, nous ne croyons pas qu'il ait jamais été écrit un seul mot sur ce sujet ; toutes nos recherches ont été sans résultat. C'est en vain que l'on chercherait une solution quelconque dans le droit romain et dans l'an-

---

(1) Les avens de Padirac et d'Armand dépassent en beauté les grottes de Hans (Belgique) et d'Adelsberg (Autriche).

cien droit. Dans les travaux préparatoires du Code civil on ne trouve nulle indication à ce sujet ; dans tous les ouvrages de droit civil tant récents qu'anciens, pas la moindre allusion à cette question, elle n'a jamais été posée. Quant à la jurisprudence, nous n'avons donné nulle solution dans tous nos recueils d'arrêts et de jugements ; d'après nos informations particulières et nos recherches sérieuses et laborieuses il résulte que notre opinion est bien fondée lorsque nous prétendons que jamais la justice française n'a eu à se prononcer sur une espèce de propriété spéléologique. Les raisons du silence de la doctrine et de la jurisprudence en cette matière sont des plus simples : nous les avons déjà données plus haut. Les belles grottes, c'est-à-dire celles-là seules qui peuvent donner lieu à la convoitise de plusieurs propriétaires, ou du moins de gens se croyant tels, n'étant pas connues jusqu'à ces dernières années, ne pouvaient donner lieu à litige ; ce n'est que par suite des progrès et des découvertes de la spéléologie que la question peut se poser. Elle ne s'est pas encore posée, mais elle se posera certainement un jour ou l'autre et ce jour est plus proche qu'on ne peut le penser au premier abord ; à la doctrine donc de se préoccuper avant que la jurisprudence tranche la question.

Que conclure de tout ceci pour notre étude ? C'est qu'en l'absence de tout document, de tout point de repère, notre travail est une pure œuvre de réflexion personnelle. Les systèmes que nous proposons n'ont ja-

mais été soutenus mais ils peuvent l'être ; nous réfuterons tous les systèmes que l'on peut nous opposer
dans la discussion pour établir le nôtre sur une base
juridique solide s'appuyant sur les exigences de la pratique. Tout notre travail n'est pas œuvre d'imagina-
tion, car à côté de celle-ci, il ne faut pas oublier que
c'est œuvre de juriste que nous avons à faire et dans le
néant de tout texte, œuvre de législateur.

IV. — Notre étude comprendra trois parties : des
grottes, des avens, des catacombes.

Sur les grottes, la seule question dont nous nous occuperons ce sera celle de leur propriété ; nous étudierons tous les systèmes que l'on peut proposer pour résoudre cette question. Après l'avoir fait nous propose-
rons à notre tour le système que nous voudrions voir
appliquer en pratique car notre système n'est pas la
« lex lata » de la spéléologie mais la « lex ferenda »,
nous l'espérons du moins.

Sur les avens nous examinerons la question de propriété et celle de leur protection.

Sur les catacombes, propriété spéléologique artificielle, nous étudierons simultanément la question de
propriété et celle de leur réglementation administrative.

—

PREMIÈRE PARTIE

DE LA PROPRIÉTÉ DES GROTTES

CHAPITRE PREMIER

LA PROPRIÉTÉ SPÉLÉOLOGIQUE PEUT-ELLE ÊTRE ASSI-MILÉE A CELLE DU TRÉSOR ?

—

V. — Arguments invoqués.
VI. — Réfutation de ce système.

V. — La propriété spéléologique serait dans un premier système résolue par l'application de l'article 716 du Code civil, texte relatif à l'invention du trésor, au cas de découverte d'une grotte; autrement dit, d'après les partisans de cette théorie on devrait décider que la découverte d'une grotte doit être assimilée à l'invention du trésor quant à ce qui est de la propriété de la chose inventée. Or, la propriété du trésor est régie par le Code civil dans les termes suivants : « La propriété d'un « trésor appartient à celui qui le trouve dans son propre « fonds ; si le trésor est trouvé dans le fonds d'autrui, il « appartient pour moitié à celui qui l'a découvert et pour « l'autre moitié au propriétaire du fonds. Le trésor, est « toute chose cachée ou enfouie sur laquelle personne ne « peut justifier sa propriété, et qui est découverte par le pur effet du hasard. » Ainsi, en appliquant ces principes, la propriété spéléologique appartiendrait au propriétaire du fonds si c'est entièrement lui-même qui a fait la découverte, par moitié seulement si un étranger a le premier exploré la grotte, c'est-à-dire si un autre que lui en est l'inventeur: Les raisons que l'on donne à cette assimilation sont les suivantes : la découverte d'une grotte importante donne à la propriété du fonds qu'elle renferme une plus-value considérable telle que sa valeur en sera souvent décuplée. De quoi le propriétaire du fonds pourra-t-il se plaindre? Sera-ce de se voir privé de la moitié de cette propriété spéléologique? Mais tant pis pour lui, pourquoi ne l'explorait-il pas cette grotte, pourquoi ne la cherchait-il pas, pourquoi n'en prenait-il pas possession ? Enfin, en un mot, pourquoi ne manifestait-il pas son intention de posséder? Ce système a pour avantage : de pousser les spéléologues aux recherches, car ils se verront ainsi grandement récompensés des dépenses faites, des fatigues et des dangers qu'ils affrontent pour mettre au jour ces belles grottes. En résumé, ce système réclame l'assimilation de la grotte au trésor quant à la répartition de la propriété.

VI. — Avant de critiquer et de repousser ce système, reconnaissons que dans son argumentation et dans ses affirmations, la seule chose qui soit exacte et non contestée est la suivante : la découverte d'une grotte procurera souvent à la propriété du tréfonds une plus-value considérable qui variera selon la beauté de la grotte, mais par contre, bien faibles selon nous sont les raisons invoquées pour réclamer l'assimilation de deux choses si dissemblables telles que grotte et trésor. Avant de songer à appliquer à une espèce déterminée une théorie, il faudrait d'abord la comprendre et voir si tous les caractères particuliers auxquels se reconnaît le trésor se rencontrent pour la grotte. Exposons brièvement la théorie du trésor, ce qu'auraient dû faire le partisans de ce premier système.

Pour qu'une chose puisse être qualifiée « trésor » et sa découverte « invention du trésor », il faut pour cela plusieurs conditions.

En premier lieu il faut que la chose ait été « découverte par le pur effet du hasard » dit l'article 716 du Code civil *in fine*. Remarquons que cette condition ne se trouve pas dans la définition romaine du Digeste *thesaurus est vetus quœdam depositio pecuniœ, cujus non exstat memoria ut jam dominum non habet* (1). Les juristes romains n'exigeaient pas cette condition particulière mais elle est exigée par le Code civil. Il ne faut que la chose ait été découverte *da ta hac opera* mais *fortuito casu* : condition qui empêchera seulement dans certains cas celui qui trouve un trésor à en réclamer une portion, en d'autres termes l'absence de cette condition n'influe en rien sur la nature juridique du tré-

____

(1) L. 31, § 1, D. *de adq. domi.*, XLI, I.

sor elle influe seulement sur son attribution. Cette remarque est également juste pour le droit romain. Ainsi d'après le Code civil, ou du moins d'après la théorie présentée la grotte constituera un trésor seulement si sa découverte a été faite par le pur effet du hasard. Dans la réalité ou la plupart des cas il n'en sera pas ainsi. Les spéléologues qui cherchent des grottes à explorer, ne se fient pas seulement au pur hasard, ils n'iront pas visiter fortuitement toutes les excavations naturelles, ils ne se hasarderont à explorer qu'après s'être posé dé une foule de questions dont la principale sera la suivante : se trouve-t-on dans un terrain apte à avoir une grotte ? Tout le monde sait que les recherches spéléologiques sont vaines et sans résultats lorsqu'elles ont lieu en pays granitique ou mica-schisteux, tandis que par contre les régions calcaires seules peuvent donner matière à des découvertes importantes. En outre le spéléologue devra tenir compte de la nature du calcaire qui se trouve en face de lui, il tiendra compte de certaines lignes géologiques et..... Ainsi donc les recherches spéléologiques sont des recherches scientifiques où rien n'est laissé au hasard. Par conséquent cette première condition nécessaire pour l'existence juridique du trésor ne se trouve pas remplie dans notre espèce ; en sera-t-il de même des autres conditions ?

Le Code civil exige en même temps que le droit romain qu'il s'agisse d'une chose « cachée ou enfouie ». Ces mots impliquent bien le fait de l'homme qui place

une « chose » mobilière en un lieu où il espère que
personne n'ira la chercher. Aussi le trésor doit-il présenter le caractère mobilier. C'est là un principe général et
un caractère certain qui est de jurisprudence constante
et ainsi il a été jugé qu'une mine de métal précieux,
trouvée par hasard dans le sein de la terre ne peut
constituer un trésor. La mine est une partie du sol qui la
récèle et appartient à ce titre au propriétaire du sol.
Dans le même sens il a été décidé par la Cour de cassation (1) qu'une mosaïque formant le pavage d'un
ancien édifice romain et encore adhérente au sol et
aux restes de la construction dont elle faisait partie au
moment de sa découverte ne constituait pas un trésor
malgré la grande valeur qu'elle présentait.

Cette mosaïque par cela même qu'elle n'a pas cessé
au moment des fouilles d'adhérer au sol et aux murs
constitue un immeuble par nature. Si telle est la solution admise pour une mosaïque les mêmes raisons existent avec beaucoup plus de force encore pour la grotte.
La grotte ne peut constituer un trésor au sens juridique
du mot car tout trésor présente un caractère mobilier
que nous ne trouvons pas ici.

Enfin en dernier lieu la loi exige comme ultime condition de la nature juridique du trésor que ce soit une
chose « sur laquelle personne ne puisse justifier sa propriété ». Donc toute chose mobilière cachée ou en-

(1) 13 décembre 1881.

fouie ne peut constituer un trésor si le propriétaire se présente ou la réclame. Ici il ne manquera pas de le faire le jour où il apprendra la découverte de cette excavation importante dans son fonds. Il interviendra pour se prétendre propriétaire ; nous avons vu comment il repoussera les prétentions de ce soi-disant inventeur, mais sur quelle base va-t-il asseoir son droit de propriété ? Sera-ce sur le droit d'accession de l'article 551 ou sur l'article 552 ?

CHAPITRE II

LA PROPRIÉTÉ SPÉLÉOLOGIQUE EST DÉTERMINÉE EN DROIT FRANÇAIS PAR L'ARTICLE 552 DU CODE CIVIL.

—

VII. — Ce système est réellement celui du droit actuel.
VIII. — Ce système doit être repoussé en législation.

VII. — Le code civil ayant à s'occuper du droit de propriété et de son domaine s'explique en ces termes dans l'article 552 du code civil : « la propriété du sol emporte « la propriété du dessus et du dessous. Le propriétaire « peut faire au dessus toutes les plantations et construc- « tions qu'il juge à propos, sauf les exceptions établies « au titre des servitudes ou services fonciers. Il peut « faire au-dessous toutes les constructions qu'il jugera « à propos, et tirer de ses fouilles tous les produits « qu'elles peuvent fournir, sauf les modifications résul- « tant des lois et règlements relatifs aux mines, et des « lois et règlements de police. »

Cet article est mal placé dans le Code sous la ru- brique « du droit d'accession relativement aux choses immobilières », il aurait été mieux à sa place après l'article 545 qui donne une définition du droit de propriété. Et cependant cette place s'explique, quoique peu logique au premier abord, car c'est la prémisse, la base fondamentale de tout ce qui suivra après et toutes les autres dispositions prévues n'en sont que les conséquences. Expliquons l'article 552 et uniquement ce qui nous sera utile. La propriété du sol emporte celle du dessus et du dessous. Ce n'est pas là une innovation du Code civil et en cela ses rédacteurs n'ont fait que suivre la tradition du Droit romain et de l'ancien droit. Le Digeste s'exprimait en ces termes : « *Qui dominus est soli, dominus est cœli et inferorum* (1) », c'est-à-dire le propriétaire du fonds est propriétaire du tréfonds, comme le disait nos anciens auteurs. Le tréfonds, comprenant l'intérieur même du sol, les divers éléments qui forment le sol, son sein, ses entrailles, argile, eaux, sources, lacs, fleuves, mines, carrières, toutes les substances minérales ou fossiles qui se trouvent dans l'intérieur ou à sa surface, les grottes ou avens, ajouterons-nous. L'ancien droit exprimait la même idée en ces termes : « qui a le pied a le chef », ou bien disait dans cette ancienne formule des glossateurs « *cujus est « solum, hujus est usque ad cœlum et usque ad « inferos.* » Notre article 552 ne fait que traduire cette idée, il semble distinguer le sol avec le dessus et le

____

(1) Loi 21, § 3, *quod vi aut clam*, D.

dessous, de telle sorte qu'il y aurait là trois éléments séparés, trois choses distinctes, à savoir :

1° Le sol ;

2° Le dessus du sol ;

3° Le dessous du sol.

Mais le Code a-t-il entendu distinguer ainsi, cette distinction du dessus et du dessous est-elle possible ? Il ne le semble pas, car le sol ne se comprend qu'avec le dessous réuni et considéré comme une seule chose, un seul bien. Le sol et son dessous sont les éléments constitutifs du sol lui-même ; il est difficile de concevoir le dessous sans la superficie du sol même d'une manière abstraite ; quelle serait donc l'épaisseur qui séparerait le dessous du sol, quelle serait la dimension de couche terrestre qui constituerait le sol ? A moins de concevoir une espèce de surface géométrique sans la moindre épaisseur, ce ne serait là qu'une abstraction. Ainsi le dessus du sol et son dessous sont les éléments constitutifs du sol, leurs parties intégrantes. Mais il importe de remarquer que si le sol se compose du dessus et du dessous, on ne les comprend pas d'une façon si rigoureuse qu'ils ne puissent en être détachés pour former des choses distinctes et indépendantes les unes des autres. On peut concevoir en effet que le sol « *area* » en Droit romain (1), le « rez-de-chaussée », comme disait l'article 187 de la coutume de Paris, pourrait être

(1) Loi 21, *de pign. actione.*

la propriété de l'un, la superficie à un autre, et le dessous, la partie souterraine, à un troisième. Ainsi le sous-sol d'une propriété immobilière peut être détaché et exproprié séparément pour cause d'utilité publique, par exemple dans le cas de creusement d'un tunnel de chemin de fer ; en effet, en consultant la jurisprudence, nous voyons que, dans une espèce qui a donné lieu à une décision de la Cour de cassation, un propriétaire demandait l'expropriation du dessus par suite du percement d'un tunnel chez lui, l'administration prétendait qu'il n'y avait expropriation que pour la partie souterraine, la Cour suprême donna raison à cette dernière (1). L'article 552 ne doit être considéré que comme établissant une présomption, laquelle cède devant la preuve contraire résultant tant de la possession que des titres respectifs des parties.

Indépendamment de toute séparation de ce genre, possible en droit actuel d'après la volonté des parties intéressées, reconnaissons qu'on n'a pas toujours attribué la propriété du dessous au propriétaire du dessus d'une façon absolue comme étant une partie intégrante du sol. Ce qu'on a de tout temps regardé, il est vrai comme un élément du sol, c'est la surface du terrain, avec l'épaisseur nécessaire pour les travaux de culture, pour la plantation des arbres, pour la fondation des édifices, en un mot pour l'exercice du droit de propriété du sol

____

(1) Cassation, 1er août 1866, S. 66, 1, 408,

d'après sa destination habituelle, d'après ses modes de culture. Mais au-delà de cette épaisseur, le dessous dans ses profondeurs les plus éloignées n'a pas toujours été regardé comme faisant partie de la propriété du sol ; et de même qu'on peut concevoir que le dessus et sa propriété n'appartiennent pas au propriétaire du sol *usque ad cælum*, de même on peut concevoir que le dessous n'appartienne pas au propriétaire du sol, *usque ad inferos* ; en effet, de même qu'au dessus à partir d'une certaine hauteur on entre dans l'immense espace de l'air libre, de même au-dessous à partir d'une certaine profondeur il n'y a plus qu'une propriété très vague, il n'y a plus de propriété. Le droit du propriétaire du fonds à la propriété du tréfonds minéral n'a pas toujours été reconnu ; nos anciennes coutumes en assez grand nombre reconnaissaient les seigneurs propriétaires des biens renfermés dans les terres « de l'avoir en terre non extrayée » (1) et grand nombre de législations étrangères ne considèrent-elles pas encore de nos jours les mines comme des propriétés regaliennes ou domaniales ? Postérieurement à la rédaction du Code civil et comme le faisait prévoir l'article 552 *in fine*, un projet de loi soumis au Conseil d'Etat le 21 octobre 1808, reposait également sur le « principe que la propriété des mines n'appartient à personne », propres expressions du con-

______

(1) Merlin, *Questions de droit*, voir Mines.
Locré, *Législation civile*, tome 9, page 145.

seiller rapporteur, comte Foucroy (1). Ce projet allait passer, mais Napoléon défendit son œuvre, le Code civil et en même temps la propriété ; l'argumentation très heureuse de l'empereur porte sur le point suivant. L'article 552 ayant proclamé que la propriété du dessus emporte celle du dessous et qu'il n'y a qu'un seul et unique propriétaire, si donc il se trouve dans le sol un gisement minéral, le propriétaire doit être libre de l'exploiter ou de s'abstenir. Mais du moment que l'intérêt public, l'intérêt de la France exigeait qu'on dérogea à ce principe, il devrait être fait une atteinte législative au droit de propriété et le propriétaire devrait toucher une compensation pécuniaire « sans quoi son droit de propriété n'existerait plus ». C'est de ce principe qui fut adopté qu'est né la loi des mines de 1810. Les opinions ne se rallièrent pas immédiatement à ce système, et en 1837 MM. de Villeneuve et Carette enseignaient encore que les mines ne sont pas la propriété de celui sur le fonds duquel elles ont leur gisement (2). Ces dissidences sont aujourd'hui évanouies, et de nos jours le droit du propriétaire du sol à la propriété des mines est reconnu sans hésitations en jurisprudence et en doctrine ; il en est de même de son droit à tout le contenu du tréfonds. Ainsi nous donnons à l'article 552 l'application la plus large, et nous sommes obligés de recon-

(1) Locré, *Législation civile*, tome 9, page 16.
(2) *Dictionnaire du Contentieux commercial*, voir Mines.

naître que la propriété du sol emporte la propriété du dessous, sans limitation aucune, du dessous *usque ad inferos.*

Le principe nettement établi reste à en faire l'application à notre sujet et cette application la voici : La propriété spéléologique appartient au propriétaire du sol. Sachez quel est propriétaire du dessus et vous aurez le propriétaire de la grotte. Ainsi la propriété spéléologique est régie par l'article 552. Mais ce système est-il satisfaisant ? Non, nous le disons hardiment et nous repoussons en législation les principes du Code civil en cette matière. Il est totalement insuffisant, innaplicable en pratique par ses conséquences, et capable, s'il restait en vigueur, s'il devait être appliqué, d'enrayer le mouvement spéléologique à qui est réservé, croyons-nous, un grand avenir pour certaines régions de la France.

VIII. — Nous ne ferons pas une critique acerbe du système du Code civil si la grotte devait toujours en fait se trouver située dans la propriété d'un seul individu (ce cas est rare en pratique pour les excavations d'une certaine longueur, les seules qui aient de la valeur). En effet si la grotte a son entrée dans ma propriété et que tout son parcours souterrain se trouve au dessous de chez moi, le système du Code est logique et assez satisfaisante ; mais cependant est-ce à dire qu'il soit inattaquable ? nous ne le pensons pas. En premier lieu est-il

sûr que toute la grotte se trouve sous ma propriété ?
Si elle a peu d'étendue, et si les limites de ma propriété sont très éloignées de la grotte, mon droit à la propriété de la caverne n'est pas douteux. Mais si par contre il s'agit d'une grotte présentant une grande longueur de galeries en sens différents il y aura alors tout
un travail scientifique à faire : il faudra en premier lieu
dresser un plan des lieux ; or si nous nous renseignons
auprès des spéléologues nous saurons combien cette
opération présente de difficultés et que de chances
d'erreurs se trouvent dans un relevé des lieux. La 2e opération consistera s'il y a doute sur la propriété de la
grotte, ou si les limites des propriétés voisines sont pro-
ches, à retracer le plan de la grotte sur le sol et à l'air
libre afin que l'on sache par où passent les galeries. Conséquence de cette double opération : les chances d'erreur sont très nombreuses : donc le droit à la propriété de la grotte n'a pas un fondement assez solide. En
effet telle galerie, telle salle peut se présenter comme
étant juste à la limite de deux propriétés, une contre-
expertise peut survenir et prouver qu'elle empiéte sur
la propriété voisine. Ainsi dans ces conditions une incertitude beaucoup trop grande plane sur le droit de
propriété.

En second lieu nous ferons une autre critique à ce
système : c'est que la grotte appartenant à un seul propriétaire son exploitation est à sa merci : conséquence
du droit de propriété, conséquence qu'il faut éviter, en

effet nous démontrerons plus loin que l'exploitation
d'une grotte tout comme l'exploitation d'une mine peut-
être une source de richesse pour une région déterminée et que par conséquent il est d'intérêt public qu'elle
soit soustraite à la merci d'un individu trop égoïste
qui négligeant son exploitation se soucierait peu des
intérêts publics et même de son intérêt personnel.

Mais, il nous faut envisager le cas où le parcours de
la grotte traverse plusieurs propriétés différentes, alors
quelle source de difficultés pratiques ! La première conséquence de ce parcours, d'après l'article 552, sera une
propriété morcelée de la grotte. Mais ne sera-ce pas
plutôt une co-propriété de la grotte, une propriété indivise, les différents propriétaires ayant droit à la jouis-
ssance commune de toute la grotte, qu'une propriété
morcelée, très divisée, chaque propriétaire ayant droit
à une partie déterminée de la grotte? Nous pensons que
par application de l'article 552 nous nous trouverons
ici en présence d'une propriété morcelée et divisée, et
chaque parcelle de propriété s'obtiendra en abaissant
une perpendiculaire de la limite des propriétés sur un
plan horizontal situé dans la grotte. Quelle incertitude
planera sur cette propriété et quelles tristes conséquences ! Le résultat est donc une propriété morcelée telle-
ment parfois qu'elle n'aura plus qu'une valeur minime ;
cette propriété sera distincte de celle du sol, et le propriétaire pourra la vendre, la morceller, l'hypothéquer,
en faire, en un mot, l'usage qu'il voudra. En outre de ce

que la surface et le tréfonds ne sont pas légalement séparés l'un de l'autre et ne forment qu'une seule et
même propriété on doit en conclure qu'une cession
faite d'un héritage emportera cession de la grotte qu'il
contient ; une hypothèque consentie sur le fonds frap-
pera aussi bien la grotte que le fonds, et si la grotte où
une partie de la grotte venait à être vendue isolément
du sol les droits du créancier hypothécaire ne seraient
pas modifiés, ils continueraient à porter et sur la grotte,
en vertu du droit de suite, et sur le fonds. — Mais nous
pensons qu'une stipulation contraire peut valablement
exister et qu'on peut décider de ne faire porter l'hypothèque que sur la grotte ou que sur le sol. Ainsi l'on
verra alors deux propriétés distinctes l'une de l'autre.

La conséquence forcée de l'article 552 est donc le
morcellement de la grotte, mais le propriétaire le plus
éloigné de l'entrée pour se rendre dans la partie de la
grotte qui lui appartient aura-t-il le droit de passer par
les salles, par les galeries des autres propriétaires? Le
propriétaire de l'entrée ou les propriétaires les plus pro-
ches de l'entrée peuvent-ils dire au propriétaire le plus
éloigné qui veut visiter sa cavité spéléologique : « Je ne
« vous empêche pas d'aller visiter la partie de la grotte
« qui vous appartient, seulement inutile de passer chez
« moi car je suis seul propriétaire de ma partie, arran-
« gez-vous comme vous voudrez, faites par exemple un
« puits vertical chez vous et descendez par là pour
« visiter votre grotte. » Ce raisonnement est-il fondé

ou bien le dernier propriétaire, c'est-à-dire le plus éloigné de l'entrée, a-t-il le droit de prétendre pouvoir exercer une servitude de passage résultant de l'article 682 du Code civil ainsi conçu : « le propriétaire dont « les fonds sont enclavés, et qui n'a sur la voie publi- « que aucune issue ou qu'une issue insuffisante pour « l'exploitation soit agricole soit industrielle de sa pro- « priété peut réclamer un passage sur le fonds de ses « voisins pour l'exploitation de son héritage, à la charge « d'une indemnité proportionnée au dommage qu'il « peut occasionner. » La question juridique qui va nous occuper est celle de savoir si ce dernier propriétaire aura le droit d'exercer une servitude de passage, bien entendu en dédommageant le propriétaire de la grotte dans laquelle il va passer.

Nous ne le pensons pas et voici les raisons qui nous font rejeter les prétentions de ce propriétaire. En première ligne nous trouvons une raison de texte. Le Code civil en son article 682 (qui a été complété par la loi du 20 août 1881) parle d'enclave des fonds et de la servitude de passage pour l'exploitation soit industrielle, soit agricole. Que le législateur de 1881 n'ait pas songé à notre sujet cela se comprend très bien étant donné les raisons exposées plus haut, aussi dans ces conditions il s'agit de savoir si ce texte peut s'appliquer en matière spéléologique. — Nous le pensons pas et nous croyons qu'il faut rejeter toute prétention à une servitude de passage, car le texte parle d'enclave de « fonds » mais non

d'enclave de « tréfonds » et comme toutes les servitudes
sont des restrictions au droit de propriété nous ne pensons pas que dans le silence de la loi on puisse étendre
un texte d'une hypothèse à une autre, car toute exception est de droit étroit. En outre il ne s'agit dans le
texte que de servitudes pour l'exploitation industrielle et
agricole. Dans bien des cas le propriétaire de la grotte
argumentera de son exploitation industrielle et alors on
pourrait être tenté de lui accorder satifaction mais *quid*
s'il n'invoque ce droit de passage uniquement pour aller
se promener et visiter sa propriété souterraine ?

À côté de ces arguments de texte qui ne sont pas dé-
nués d'une certaine valeur nous en trouvons de tout à
fait décisifs dans la législation et la jurisprudence des
carrières. Le droit du propriétaire du sol aux carrières à ciel ouvert ou souterraines est reconnu sans
hésitations par la doctrine et la jurisprudence tandis
que ce point est contesté pour les mines ; or, nous sa-
vons qu'il est de jurisprudence constante de refuser le
droit d'enclave pour l'exploitation des carrières souterraines. La servitude de passage en cas d'enclave est due
pour une carrière comme pour toute autre propriété (1).
et cela que cette carrière s'exploite à ciel ouvert ou par
galeries souterraines (2). Mais cette enclave ne s'entend,

(1) Cassation, 7 mai 1879, S. 80, 1, 73.
   Chambéry, 10 janvier 1863, S. 63, 2, 237.
(2) Chambéry, 10 janvier 1863, précité.
   Laurent, tome 8, nos 89 et 99.

ajoute la jurisprudence, que lorsque d'après la disposition des lieux cette carrière n'est exploitable qu'à la condition d'emprunter un passage aux fonds voisins ; c'est en vain que l'on prétendrait qu'en pareil cas, l'enclave, résultant du mode d'exploitation de la carrière est le fait personnel du propriétaire (1). Mais, et ceci est le seul point intéressant qui présente une analogie avec notre sujet, le droit de passage en cas d'enclave n'a lieu qu'à la surface des fonds voisins et non en dessous, pour l'exploitation des carrières. Ainsi le propriétaire d'un fonds non enclavé sous lequel existe une carrière enclavée dans d'autres carrières ne peut pour son exploitation demander passage dans ces carrières (2). Il ne peut qu'exploiter sa carrière par son propre fonds quelque difficile ou dispendieuse puisse être cette exploitation. Bornons-nous pour soutenir cette opinion à reproduire les considérants d'un jugement du tribunal de Périgueux, adoptés en leur esprit et presque littérallement par la Cour de Bordeaux en un arrêt du 16 février 1875. Il

---

(1) Cassation, 7 mai 1879, précité.

    Laurent, tome 8, n· 91.

    Aubry et Rau, tome 2, page 28 et § 243.

(2) Amiens, 2 février 1854, S. 54, 2, 183.

    Bordeaux, 16 février 1875, S. 75, 2, 170.

Sic, Massé et Vergé sur Zachariæ, tome 2, page 188, § 331, note 2, *in fine*.

    Nancy, 4 juillet 1885, D. P. 86, 2, 47.

    Feraud-Giraud, tome 2, page 368.

    Aguillon, tome 2, page 223.

nous sera inutile de les commenter car ce serait affaiblir la portée de l'argumentation.

« Attendu que, par exploit introductif d'instance, C...
« a assigné P... pour voir reconnaître à son profit le droit
« à la servitude de passage à travers une galerie sou-
« terraine pratiquée dans les carrières voisines des
« dits héritiers... Attendu que d'après le texte et l'es-
« prit de l'article 682 du Code civil, le droit de passage,
« au cas d'enclave, n'est accordé que sur la surface du
« sol voisin, et pour une exploitation qui doit se faire
« ou aboutir à la surface du sol ; — que cet article ne
« dispose pas que le droit à la servitude s'applique à
« toutes les couches d'un héritage sur toutes les cou-
« ches d'un héritage voisin ; que les servitudes sont
« de droit étroit et que ce serait les étendre que d'ad-
« mettre au profit d'un des éléments constitutifs du sol
« une faveur qui n'est accordée qu'à son intégrité ; —
« qu'il doit en être d'autant plus ainsi, que lorsque le
« législateur, à propos des mines, a voulu créer deux
« catégories de propriétés dictinctes, celles souter-
« raines et celles superficielles, auxquelles s'applique-
« raient séparément les dispositions du Code civil, il a
« cru nécessaire de faire une loi nouvelle, celle du
« 21 avril 1810 ; que les carrières n'ont pas été assimi-
« lées aux mines et qu'encore une fois, à l'occasion des
« dispositions spéciales de la loi de 1810, il est vrai de
« dire que l'exception confirme la règle ; — que cer-
« tainement il est conforme aux saines idées de pro-

« grès de ne pas frapper d'interdit l'exploitation des
« carrières qui constituent une partie de la richesse
« nationale ; mais que les juges courraient le risque
« d'empiéter sur le domaine du législateur, s'ils ba-
« saient leurs décisions sur ces considérations d'un
« ordre purement économique ; que leur mission con-
« siste à appliquer la loi ; que la loi prescrit de n'ac-
« corder le passage, en cas d'enclave, que pour cause
« d'une nécessité absolue ; que la seule faculté qui
« rentre dans leurs pouvoirs, afin de tempérer des
« résultats qui souvent deviendraient excessifs en face
« des nécessités de la pratique, c'est d'apprécier les
« circonstances d'où résulte dans chaque espèce l'im-
« possibilité pour un fonds à aboutir à la voie publique ;
« — attendu... qu'il résulte particulièrement du rap-
« port de l'expert que l'on peut arriver à la dite car-
« rière en creusant un puits dans la propriété super-
« ficielle qui la recouvre... »

La jurisprudence est nettement fixée sur ce point,
mais doit-on étendre les mêmes raisons et la même
solution aux grottes ? Nous le pensons, car les mêmes
arguments qui militent pour les carrières s'imposent
également pour les grottes. La servitude de passage
n'existe que pour le dehors et ne s'applique jamais au
dessous ; cette servitude n'existe qu'en cas de nécessité
absolue à charge de prouver qu'il est matériellement
impossible au sens strict et rigoureux du mot, d'aboutir
à la propriété souterraine. Preuve impossible à admi-

nistrer, car il est toujours possible au propriétaire du dessus d'aboutir à sa grotte souterraine en creusant un puits vertical, sans doute il se pourra que ce puits ait une profondeur énorme et que son creusement emporte des difficultés énormes ; peu importe, cet argument fera repousser sa demande ; mais en pratique, étant donné les difficultés du travail, le propriétaire ne le fera pas et sa grotte sera chose sans valeur pour lui. C'est donc que le Code civil aboutit à une inconséquence absolue ; du moment que dans son article 552 elle reconnaît un droit de propriété spéléologique et que dans son article 682 elle en interdit la jouissance.

Tel est le résultat déplorable de ce système de morcellement de la propriété ; mais devons-nous dire que le système du Code civil ne présente que cet unique inconvénient, à savoir l'interdiction de l'accès de la grotte aux différents propriétaires ? Il n'en est rien ; non seulement tous seront à la merci du propriétaire de l'entrée, mais en outre la grotte, c'est-à-dire une richesse ou plutôt une source de richesses, est à la disposition d'un seul d'entre eux. En effet, supposons qu'une société se soit fondée pour l'exploitation de cette merveille et qu'elle veuille acheter dès le début la grotte aux différents propriétaires ou même la louer : un propriétaire grincheux, pour une raison quelconque, par un caprice malfaisant pour le pays, se refuse à vendre la partie de la grotte lui appartenant, ou à laisser touristes et visiteurs passer chez lui : la société se trouve entravée dès ses débuts.

On ne pourra rien en effet contre ce propriétaire, car légalement il est maître chez lui et ne peut être exproprié.

Est-ce le seul inconvénient de ce système ?

Il n'en est malheureusement rien. En reprenant l'hypothèse précédente, supposons que tous les propriétaires soient consentants à la vente, ne croit-on pas que ce sera une gêne énorme pour cette société en voie de formation que d'être obligée d'acheter la propriété à tant d'individus différents ; tous veulent bien vendre leur propriété mais ils ne le feront sûrement qu'à des prix exorbitants, et cependant il faudra passer par leurs prétentions. Qu'on ne nous taxe pas d'exagérations, car nous pourrions citer le cas d'une société financière qui s'est formée il y a quelques mois en vue d'exploiter un aven (1). Ce puits ou gouffre naturel possède comme principale attraction une rivière souterraine de toute beauté, et une salle de 95 mètres de hauteur, Cette société a eu comme première difficulté à résoudre : l'achat à faire de cet aven et il a fallu négocier avec des quantités de propriétaires différents ; heureusement pour elle et pour la région entière du Causse de Gramat que tous ces propriétaires se sont contentés d'une somme très modique, presque tous même ont accepté comme paiement de leur propriété spéléologique une ou plusieurs actions de la société en formation.

(1) Puits de Padirac (Lot).

Ceci nous montre bien les tristes résultats du système du Code civil. Les conséquences au point de vue spéléologique sont d'une gravité extrême. En supposant que le système de l'article 552 reste le droit en vigueur, c'est la fin, c'est l'impossibilité d'exploitation des grottes et avens. Nous le pensons très catégoriquement, et c'est pour cela que nous proposons de rejeter résolument l'article 552 du Code civil avec les conséquences qu'on en tire en cette matière. Cet article constitue le droit en vigueur dans l'état actuel de nos lois, nous le supporterons pour le moment, mais qu'il nous soit permis de croire et d'espérer qu'il ne restera pas toujours tel et qu'un jour ou l'autre un système législatif viendra le remplacer.

CHAPITRE III

LA PROPRIÉTÉ DE LA GROTTE REVIENT-ELLE D'APRÈS LE CODE CIVIL AU PROPRIÉTAIRE DE L'ENTRÉE.

—

IX. — Raisons.
X. — Critique.

IX. — Nous avons vu dans le chapitre précédent que le système du Code civil ne présentait pas de difficultés lorsque le parcours souterrain de la grotte se trouvait entièrement placé sous un seul et même héritage, nous avons examiné les conséquences peu logiques auxquelles on arrive par contre lorsque la grotte se trouve être située sous diverses propriétés ; aussi, dans un autre système on peut soutenir que la propriété spéléologique n'est pas déterminée par l'article 552 mais bien par des circonstances de fait. L'entrée de la grotte et son parcours sont-ils situés dans une seule propriété ? Pas de doute, l'article 552 s'appliquera sans peine. Mais si l'entrée se trouve chez l'un et son parcours sous le fonds d'un autre, étant donné qu'il nous faut accepter l'article 552 et subir l'article 682, et le sens que lui donne la jurisprudence, étant donné qu'il nous faut concilier ces deux idées : reconnaissance d'un droit de propriété et interdiction d'en user, nous sommes obligés de reconnaître, disent les partisans de ce système, que la grotte appartient au propriétaire de l'entrée.

Dès le début de son argumentation, ce système écarte l'article 552 qui ne peut prétendre régler l'hypothèse de la propriété spéléologique, car lorsqu'il a été rédigé on était loin de songer à cette sorte de propriété, nous avons vu, en effet, dans notre introduction, que le mot n'avait jamais été prononcé avant ces dernières années, et que l'hypothèse n'avait jamais été soumise à l'appréciation de la justice. Il faut ensuite écarter dans le système la théorie de l'indivisibilité du sol. Dans le chapitre précédent nous avons vu, en effet, que le Code civil, quoiqu'il paraisse distinguer le sol du sous-sol, n'en fait cependant absolument rien ; ces deux choses étant dans nos lois civiles deux éléments constitutifs d'un fonds et ne pouvant être séparées même par la pensée.

C'est là une erreur, l'indivisibilité du sol n'existe pas plus physiquement qu'intellectuellement, en effet dans la nature ne peut-on arriver à distinguer le sous-sol du sol et par la pensée ne peut-on les disjoindre l'un de l'autre, Reconnaissons, dit-on, que lorsque l'article 552 dispose que la propriété du sol emporte la propriété du dessus et du dessous, il semble bien qu'il ait voulu embrasser tous les éléments constitutifs du sol, et à un tel point que l'appropriation d'une parcelle du sous-sol n'est possible sans l'appropriation d'une parcelle du sol. Il n'en est rien, si en effet la loi 21, § 2 ff : *quod vi aut clam* nous dit « *qui dominus est soli, dominus est cæli et inferorum* » (traduit par l'art. 552), cela n'empêche pas la loi 21 ff. *pigneraticia actione* de reconnaître que le sol malgré l'intégralité de ses divers éléments peut être affecté par des droits de propriété divers et juxtaposés, à l'un dit cette loi le sol « area », à l'autre la « superficie » (bâtiments, arbres, plantations). Ceci est l'expression de la nécessité des choses et ce résultat doctrinal et pratique fut admis par la jurisprudence de l'ancien droit ainsi que cela est prouvé par des applications nombreuses qui nous sont restées. Cette solution a été consacrée très clairement par l'article 553 du Code civil ; on n'y lit en effet que toutes les constructions, plantations et ouvrages sur un terrain ou « dans l'intérieur » sont présumées faites par le propriétaire et lui appartenir si le contraire n'est prouvé « sans préjudice de la propriété qu'un tiers pourrait avoir acquise, ou pourrait acquérir par prescription, soit d'un souterrain sous le batiment d'autrui, soit de toute autre partie du bâtiment ». L'argument que l'on tire de cet article c'est que nonobstant l'indivisibilité absolue et indéfinie de l'article 552 un tiers peut acquérir par titre ou par prescription toutes les parties du dessous du sol séparées du fonds lui-même. Ainsi la théorie de l'indivisibilité reçoit une atteinte avec l'arti-

cle 553, et la vérité est qu'il n'y pas la moindre indivisibilité, manière de voir confirmée par un arrêt de la Cour
de cassation (1) qui décide dans ces considérants que
s'il y a ou s'il semble y avoir indivisibilité du fonds et
du tréfonds en l'article 552 cela n'empêche pas que l'on
puisse acquérir par titre ou par prescription le dessous
avec l'article 553. Il en résulte donc que le dessous
peut être détaché du sol par fractions qui forment par
elles-mêmes et à leur tour une chose essentiellement
distincte et susceptible d'appropriation particulière ;
ainsi la soi disant indivisibilité du sol ne peut pas nous
empêcher de décider que le fonds sera à l'un et le tréfonds à un autre. Alors pourquoi ne pas décider que la
grotte appartient entièrement au propriétaire de l'entrée ;
car nous sommes obligés d'autre part d'accepter l'article 642 relatif à l'enclave et l'application qu'en fait une
jurisprudence constante. Tel est le fondement juridique
de ce système, voyons son application dans la pratique.

A ce dernier point de vue ce système donnerait de
biens meilleurs résultats que le précédent, en effet, si
nous rappelons les critiques que nous avons adressées
au système de l'article 552, nous verrons qu'ici elles
ne trouvent pas place. Nous reprochions aux partisans
de la théorie précédente de faire reposer le droit à la
propriété spéléologique sur une base peu solide, car
pour arriver à la déterminer il fallait avoir recours à

(1) Cassation, 1er août 66, § 66, L. 409.

des expertises qui, outre qu'elles sont toujours très coûteuses, présentent des chances d'erreur très nombreuses ; ici, par contre pas de cette propriété basée
sur un fondement aussi incertain, et en outre plus de
droit de propriété sans jouissance : jouissance réservée
à un seul propriétaire, celui de l'entrée. Bien entendu
que dans l'exercice de son droit de propriété il ne devra
porter atteinte aux droits des propriétaires du sol. De
même le propriétaire du fonds pourra toujours faire
chez lui ce qu'il voudra sans que le propriétaire de la
grotte puisse se plaindre : ainsi, si en creusant un puits
il détériore la grotte, il enfonce le plafond d'une salle,
il est évident que le propriétaire spéléologique n'aura
nulle action pour réclamer des dommages et intérêts
au propriétaire de l'héritage du moment que le dernier
n'a fait qu'user de son droit de propriété. Mais il ne
faut pas oublier cette maxime romaine « *non est mali-
tiis indulgendum* » et l'application que l'on en ferait
s'il est prouvé que le propriétaire du dessus n'a agi
que pour faire tort au propriétaire du dessous ; dans
ces conditions, il serait responsable des dégats. Également de ce que nous avons en face de nous un seul
propriétaire, la critique que nous adressions plus haut
à la législation actuelle ne trouverait pas prise, une société commerciale ou civile se fondant pour exploiter la
grotte aurait toute facilité pour traiter avec un seul et
unique propriétaire et n'aurait pas les entraves énumé-
rées plus haut.

X. — Nous repoussons ce système; il est absolument illégal et va à l'encontre du Code civil et de la tradition. Si on le proposait comme système à adopter législativement, nous l'approuverions assez, mais soutenir que c'est le système du Code civil, c'est fort douteux. La vérité c'est que le Code civil n'a adopté aucun système, il n'y a qu'à appliquer les principes, dussent les conséquences être déplorables en pratique. En effet, l'argumentation reposant sur l'article 553 est assez spécieuse. Nous reconnaissons que le sol peut être distinct du sous-sol, mais pour cela il faut qu'il y ait titre ou prescription, mais nulle part il n'est dit que légalement la grotte appartient au propriétaire de l'entrée, non en violation de l'article 552, mais même en atténuation à l'indivisibilité du sous-sol. Cet article énonçant que la propriété du sol emporte celle du dessous, émet une proposition incontestable dans ses termes et inviolable dans les applications que nous avons à en faire dans notre sujet; il nous sert de guide dans les hypothèses où il pourrait y avoir incertitude sur la propriété. La propriété nettement accusée et affirmée est, a-t-on dit, la pierre angulaire de l'ordre civil et de tout ordre social. Si une propriété du sol peut être distinguée et se distingue, et se sépare de la propriété au-dessous, il faut pour cela soit un titre, soit une prescription accomplie et d'une façon générale pour tous les cas une disposition expresse de la loi. Lorsque le législateur a voulu modifier, réduire ou supprimer le droit du pro-

priétaire relativement aux propriétés souterraines, il
l'a fait expressément ; tel est le cas de la loi sur les
mines, qui dans son projet ne tenait aucun compte des
droits du propriétaire du sol et qui respecta ce droit
sur les observations de Napoléon. Deux autres lois :
celle du 16 septembre 1807 sur les carrières et celle du
10 mars 1848, sur les eaux thermales, statuent par
voie d'exception eu égard aux parties souterraines du
sol à raison du but de l'exploitation qui est l'utilité publique. Ainsi il a été toujours admis dans la pratique
et reconnu universellement que le droit de propriété
absolu dans ses principes et effets n'emporte ni distinction, ni tempérament, qu'il ne peut être modifié dans
sa substance, dans son inviolabilité, dans son plein et
entier exercice que par des restrictions formelles de la
loi. Les arguments par induction et par analogie ne sont
pas acceptables en cette matière et n'aboutissent qu'à
la compromission du droit. Que retenir de tout ceci :
c'est que ce système proposé ne peut se soutenir comme
étant le système légal ; nulle part il n'est dit que la
grotte appartient au propriétaire de l'entrée ; donc,
nous le repoussons au point de vue juridique.

Quant au point de vue pratique, nous sommes forcés
de reconnaître que ce système est supérieur au précédent ; mais est-ce à dire qu'il soit satisfaisant ? nous ne
le pensons nullement. En effet, il laisse comme le précédent la grotte à la merci de son propriétaire qui est
libre de l'exploiter ou non à sa guise. La critique ne

doit pas manquer de se produire sur ce point et de faire voir que cette lacune constitue un danger pour la région dans laquelle la grotte est située. Une atteinte au droit de propriété doit-elle être faite en cette matière ? Oui, nous demandons qu'elle ait lieu législativement semblable à celle des mines, comme nous allons le voir dans un nouveau système que nous voudrions voir adopter en matière spéléologique.

CHAPITRE IV

LA PROPRIÉTÉ SPÉLÉOLOGIQUE DOIT-ELLE ÊTRE ASSIMILÉE A LA PROPRIÉTÉ MINIÈRE ? — SYSTÈME A ADOPTER LÉGISLATIVEMENT.

XI. — Aperçu de la législation des mines.
XII. — Système proposé.

XI. — Dans un quatrième système, système qui sera le nôtre, mais qui n'est pas celui du Code civil, système que nous voudrions voir adopter législativement, car il tient compte de tous les intérêts en jeu ; nous soutiendrons que le droit à la propriété spéléologique doit revenir au propriétaire du fonds, mais que son exploitation doit faire l'objet d'une concession de la part de l'Etat, comme cela a lieu pour les mines. Aussi avant d'exposer notre théorie faisons un exposé très succinct sur la législation des mines afin de pouvoir expliquer clairement notre système et faire comprendre ses avantages.

A qui appartient la propriété minière ? L'organisation de la propriété des mines variable suivant les pays présente trois systèmes principaux : celui du droit d'accession, celui du droit domanial, celui du droit régalien.

Dans le système de l'accession, la propriété de la mine est une dépendance de la propriété du sol, elle en est l'accessoire (*accedit*, article 546 du Code civil). C'est le système qui fut en usage dans l'ancienne Rome, sous la République et sous les premiers empereurs ; c'est celui de l'Angleterre pour la houille, et, dans ce pays de grande propriété il a permis, on doit le dire, un magnifique développement de la propriété minière. Le droit du propriétaire du sol sur les mines qui porte en Angleterre le nom de « Royalty » désignation rappelant son origine royale, est variable suivant les circonstances : dans les fermages de houille de Newcastle il dépasse 1 fr. 25 par tonne de charbon extrait, sur l'étain il est d'environ 1/25 de matière extraite. En Amérique, la propriété des mines suit aussi la propriété du sol. En Sicile et dans toute l'Italie du Sud la propriété du fonds emporte la propriété de la mine, mais la propriété étant très morcelée en Sicile, l'on peut voir que ce système n'y a produit que le gaspillage des mines de soufre et le maintien des plus détestables méthodes d'exploitation. En Prusse, une loi du 22 février 1869 déclara que dorénavant les mines de houille et de lignite sont à la disposition exclusive du propriétaire du sol dans certaines contrées des provinces de Saxe, de Brandebourg et de Lusace ; c'est là, il est vrai, une loi exceptionnelle, l'ensemble de la Prusse étant soumis à la loi générale des mines du 24 juin 1865, laquelle consacre le droit régalien (1). En France, le système de l'accession avait pour lui, au XVIIIe siècle, toute l'opinion des physiocrates, il fut défendu en 1791 à l'Assemblée nationale par Heurtant-Lemerville, il est adopté par Merlin et auparavant repoussé par Domat (2), il fut défendu au Conseil d'Etat par l'archichancelier Cambacères (3), mais il n'a jamais passé dans la loi Française.

Dans le système du droit domanial, les mines appartiennent en propre à l'État, qui les exploite lui-même ou qui les afferme ou les vend au plus offrant. Les mines étaient ainsi des propriétés domaniales dans les anciennes républiques grecques, et notamment à Athènes, où elles ont eu à certaines époques une grande importance, puisque au temps de Périclès, les seules mines du Laurium occupaient 20,000 esclaves (4). Le système domanial fut aussi employé autrefois pour les mines et salines que le domaine public romain avait acquises par voie de conquête en Macédoine, dans l'Illyrie, en Afrique, en Sardaigne. Au Japon, la propriété des mines appartient à l'État, de même dans le grand duché du Luxembourg.

En France, le système de la propriété des mines est

(1) *Bulletin de la Société d'industrie minérale*, 1879, p. 938.

(2) *Droit Public*, t. I, chap. II, livre II, n° 19.

(3) Locré, Séances des 20 juin et 18 novembre 1809.

(4) Duménil-Marigny, *Histoire de l'Economie politique*, tome II, p. 248.

presque celui du droit régalien. Le droit régalien, en effet, se résume en une triple définition : pour l'État 1° droit de régler la question de la propriété souterraine, ou en d'autres termes de conférer le privilège et de le faire exploiter par les personnes qui peuvent le mieux mettre en valeur ; 2° droit d'en surveiller l'exploitation, dans ses rapports avec l'ordre public, avec la conservation du sol et avec la sûreté des ouvriers mineurs ; 3° droit de percevoir un certain tribut sur les produits qu'en obtient l'exploitant. En un mot, le droit dit régalien comprend pour le chef du gouvernement le triple droit suivant : 1° de concession des gîtes minéraux ; 2° de surveillance des exploitations ; 3° de prélèvement d'un tribut ou d'une redevance au profit de l'État. Le système adopté en législation française n'est pas tout à fait celui du droit régalien, dont le principe essentiel est de percevoir un tribut ; or, chez nous, la somme perçue par l'État n'a nullement ce caractère et a comme caractéristique d'être une simple contribution. Ce n'est là qu'un impôt d'un genre particulier, ainsi que nous le montrerons plus bas. Réserve faite de cette légère différence, le système du droit français est celui du droit régalien.

Voyons la première attribution du droit régalien. La mine appartient au propriétaire de la surface, mais son droit reçoit une grave atteinte (Cette restriction trouve, il est vrai, sa justification dans un intérêt social de 1er ordre). Les mines ne peuvent, en effet, être exploitées

qu'en vertu d'un acte de concession délibéré en Conseil
d'État (art. 5 de la loi du 21 avril 1810). Le gouvernement concède la mine à qui il veut sans que le propriétaire ait un droit de préférence ; il subit donc une expropriation forcée, expropriation qui trouve son expli-
cation dans des raisons d'intérêt public, car les mines
sont une partie importante de la richesse nationale et
il est de l'intérêt du pays de forcer la main à un propriétaire qui préférerait peut-être voir dormir cette richesse plutôt que de l'exploiter ou qui l'exploiterait
sans avoir les talents ou les ressources nécessaires pour
mener à bonne fin l'extraction minière. Mais le droit
du propriétaire du sol n'est pas complètement sacrifié,
il reste propriétaire et a droit à une indemnité ; cette
indemnité présente, il est vrai, un caractère particulier
qui la différencie avec l'indemnité administrative de
l'expropriation pour cause d'utilité publique. Car ici ce
sera le gouvernement qui la fixera lui-même dans l'acte
de concession ; en outre, elle ne sera pas préalable, ce
sera une redevance annuelle que l'exploitant versera
au propriétaire. La mine une fois concédée devient une
propriété immobilière distincte du sol et susceptible
d'être aliénée, hypothéquée ou saisie séparément du
fonds. La redevance est due au sol et suit le sort du
sol, elle est immobilière et les hypothèques du fonds
la grèvent également.

Le deuxième attribut du droit régalien est, avons-
nous dit, un droit de surveillance que l'État exerce sur

la mine et ce, au point de vue de la sécurité des mineurs en premier lieu. Nombreuses, en effet, sont les dispositions légales et les circulaires administratives sur ce point. En outre, l'État exerce un pouvoir de contrôle sur les mines relativement à la conservation du sol, des eaux minérales, à la solidité des habitations, à la sécurité des villages qui se trouvent au-dessus de l'exploitation minière. Comme agents de contrôle, signalons le conseil supérieur des mines, les ingénieurs en chef et les ingénieurs ordinaires nommés par l'État chargés de cette surveillance. Les concessionnaires doivent d'eux-mêmes se conformer au cahier des charges et en outre à toutes les circulaires ministérielles.

Le troisième attribut du droit régalien pour l'État français consiste dans le droit de toucher une redevance fixe et une redevance proportionnelle. La redevance fixe établie par la loi de 1810 (art. 33 et 34) sera annuelle et est de 10 francs par kilomètre carré, augmenté en plus d'un décime par franc ; cette redevance est évaluée sur le plan même de la concession accordée qui devra faire connaître l'étendue de la surface, les concessions étant limitées par des plans verticaux (art. 29). Cette redevance fixe est due jusqu'au retrait de la concession et présente bien le caractère d'une contribution d'après un arrêt du Conseil d'État du 29 mai 1874 qui proclame que « la redevance fixe sur les mines est assimilée pour la perception et pour le jugement des réclamations à la contribution foncière ».

La redevance proportionnelle ordonnée par la loi de
1810 (art. 33 et 34) est fixée chaque année par les assemblées législatives sans qu'elle puisse s'élever à plus
de 5 0/0 du revenu net. Elle constitue une contribution
directe car elle frappe directement sur les personnes
au moyen d'un titre nominatif et exécutoire : le rôle et
cela à l'opposé de la contribution indirecte qui est anonyme et qui attaque la richesse par la consommation
et conformément à un tarif sans acception de personnes.

Telles sont résumées succinctement les dispositions
législatives relatives aux mines. On le voit la propriété
des mines dérive exceptionnellement de la loi civile
tandis que par contre le droit de propriété en général
dérive de la loi naturelle. En effet la propriété des mines a sa source dans l'acte de concession délibéré en
Conseil d'État ainsi qu'il résulte des articles 5, 7 et 19
de la loi de 1810 ainsi conçus :

Art. 5. — « Les mines ne peuvent être exploitées
« qu'en vertu d'un acte de concession délibéré en Con-
« seil d'État. »

Art. 7. — « Il (l'acte de concession) donne la propriété
« perpétuelle de la mine, laquelle est dès lors disponi-
« ble et transmissible comme tous les autres biens, et
« dont on ne peut être exproprié que dans les cas et
« selon les formes prescrites pour les autres propriétés,
« conformément au Code civil et au Code de Procédure
« civile. Toutefois une mine ne peut être vendue par

« lots et partagée, sans une autorisation préalable du
« gouvernement, donnée dans les mêmes formes que la
« concession. »

Art. 19. — « Du moment où une mine sera concé-
« dée, même au propriétaire de la surface, cette pro-
« priété sera distinguée de celle de la surface et désor-
« mais considérée comme une propriété nouvelle, sur la-
« quelle de nouvelles hypothèques pourront être as-
« sises, sans préjudice de celles qui auraient été ou
« seraient prises sur la surface, etc... »

Le droit de propriété des mines dérive donc, en
France, de la loi civile, mais ne peut-on pas dire que
toute propriété dérive de la loi, et que la propriété n'est
qu'une institution, une création de la loi ? Il n'en est
rien, le droit de propriété en général est un droit naturel antérieur et supérieur à la loi civile et qui par
conséquent ne dérive pas de celle-ci. Par exception
chez nous le droit à la propriété des mines (système
régalien) est créé par la loi civile, à l'instar du droit de
propriété sur les chemins de fer résultant d'une concession : double exception certaine, nécessitée dans
notre pays par les circonstances et la nature spéciale
des choses et qui ne fait que confirmer la doctrine gé-
rale qui prétend que le droit de propriété est de droit
naturel.

Si nous en restions-là sur ce sujet on pourrait nous
objecter que les idées que nous venons d'émettre ne
sont que de simples propositions, aussi nous paraît-il

bon de donner une démonstration de ces quelques principes que nous n'avons fait qu'indiquer sommairement. Avant de parler du droit de propriété en général, il nous faut d'abord définir la notion du droit et la notion de la propriété.

Nous n'essayerons pas de donner une définition juridique originale et juste du mot droit, elle a été donnée par un auteur moderne (1) qui s'exprime en ces termes : « un droit est une activité personnelle, protégée « par la morale, qui ordonne aux autres hommes de la « respecter et autorise l'emploi de la force pour l'y « contraindre ». Ce qui caractérise donc tout droit c'est le respect d'une activité de l'homme et cela est aussi vrai pour le droit de propriété que pour les droits de créance ou pour les droits personnels. Mais du moment que nous parlons du principe moral qui forme le fondement de tout droit nous devons nous demander quel est ce principe. Il est mal aisé de repondre à une question qui est cependant très simple ; et si quantité d'auteurs ont donné des solutions si diverses c'est que tous ou presque tous n'étaient pas assez jurisconsultes ; leurs raisonnements comme leurs connaissances ne sont pas suffisamment éclairés par la science du droit et ils ne se sont pas assez placés et au point de vue du droit et au point de vue de la morale. Pour nous nous adopterons la théorie de M. Boistel, à la fois juriste et philosophe,

(1) Boistel, *Philosophie du droit*, tome I, par. 40.

et nous lui emprunterons les quelques notions que nous donnerons dans la suite. Le principe moral qui protège le droit, disons-nous avec M. Boistel, c'est l'inviolabilité de la personne humaine. Toute personne est sacrée et inviolable pour toute autre personne; c'est là une donnée évidente, qui est plutôt fournie par le bons sens que par le raisonnement et que personne ne peut contester. De ce principe moral découle naturellement toute une série de droits et toute une série de devoirs (obligations) qui sont corélatifs les unes des autres.

Ainsi, sur cette base de l'inviolabilité de la personne humaine, sur ce droit qui appartient à tout homme de ne pas être entravé dans la recherche des moyens qu'il a en sa puissance pour son perfectionnement moral et celui d'autrui, et dans l'emploi des moyens qui peuvent l'y conduire. On peut résumer ce droit et ce devoir juridique en une formule typique : on ne doit pas faire un mal immérité à une personne humaine. Tel est le principe du droit.

Ce principe une fois posé nous arriverons à faire dériver de lui tous les droits que l'homme peut avoir durant son existence. L'homme doit pouvoir se développer, se perfectionner au point de vue moral or il n'arrivera à cette fin qu'au moyen de son activité, et il n'y arrivera qu'avec l'aide de certains moyens. En vue de cette fin ce que les autres hommes devront respecter, ce sera sa liberté d'action, et ceci est un principe général d'où découleront tant d'autres droits généraux. Quant aux moyens qu'emploiera l'homme pour atteindre cette fin ils participeront de l'inviolabilité de la personne humaine que lorsqu'un lien véritable se sera établi entre la personne et les objets soumis à son pouvoir. Ce lien peut être désigné et doit être désigné du nom de propriété. Et ainsi nous arriverons à dire que la propriété d'un objet participe à l'inviolabilité de l'homme quand cet objet lui est propre. La propriété est donc, elle aussi, un second principe générateur de toute une série de droits spéciaux.

Pour résumer : du principe du droit de l'inviolabilité de la personnalité humaine nous avons fait découler ou mieux dériver deux droits esssentiels : liberté et propriété, qui seront tous deux la source d'où jailliront tous les autres droits.

Laissant de côté, la liberté et les droits qui en dérivent arrivons à la propriété, nous étudierons sa démonstration et sa légitimité et d'autre part son fondement.

Pour nous nous distinguerons la propriété externe et la propriété interne selon : que l'on envisage les droits acquis soit sur les choses, soit sur les personnes, mais nous ne nous occuperons que de la propriété externe ou des droits acquis sur les choses.

Que l'on nie le droit de propriété : cela ne peut se concevoir, car c'est là un droit essentiel, primordial sans lequel on ne peut comprendre l'organisation d'une société et même son existence. La propriété, c'est le lien

entre les personnes et les choses, car il faut bien se garder
de confondre, ainsi que l'ont fait les juristes romains, la
propriété et son objet. La propriété ce n'est qu'un droit,
ce n'est pas une de ces choses matérielles *quæ tangi
possunt* comme le disaient nos anciens auteurs. La propriété est le lien entre la personne et la chose et ce serait plutôt un triple lien qu'un rapport simple ; triple
lien : à savoir lien physique, lien intellectuel, lien moral.
Cette simple indication du triple lien nous montre bien
la triple évolution successive qu'a dû subir la propriété
pour arriver à être un tout complet : la détention, la
possession, la propriété et c'est pour cela que nous dé-
finierons la propriété avec le savant maître à qui nous
empruntons ces idées : « La propriété comme fait, est
« le lien qui existe entre une personne et une chose,
« lorsque la personne a acquis en fait sur cette chose
« un pouvoir de disposition absolue et destinée à la
« réalisation de ses volontés et de ses fins. »

Mais étant donné cette légitimité de la propriété, quel
peut donc être son fondement ?

La propriété a pour nous comme fondement originaire et essentiel l'occupation, c'est-à-dire la prise de
possession des objets sans maître ; c'est l'établissement
en fait du triple lien qui constitue le droit de propriété ;
c'est, remarquons-le, le mode la plus simple d'acquisition de la propriété. Tous les autres modes ont comme
fonds commun l'occupation et cela est aussi vrai pour
l'acquisition des biens sans maître comme pour le tré-

sor, que pour l'acquisition des biens à titre dérivé par transmission entre vifs ou à titre de succession. Pour qu'il y ait occupation, les juristes romains exigeaient qu'il y ait le *corpus* et *l'animus possessionis* ; le *corpus* étant le lien réel, le fait physique d'avoir la chose à sa disposition, *l'animus* étant le lien personnel, étant la volonté de se comporter vis-à-vis d'elle comme propriétaire, d'en retirer toute l'utilité, tous les avantages dont elle est susceptible. Cette possession est de suite transformée en propriété pour les choses qui n'ont pas propriétaire actuel.

Reprenons ces idées et développons les brièvement.

Nous exigeons en premier lieu, un lien physique qui consiste dans le pouvoir que nous avons de disposer de la chose. Il ne peut y avoir de lien physique sur les objets qui, par leur nature, échappent à toute domination, tel l'air, le vent, l'eau courrante ; nulle propriété n'est susceptible pour ces choses. En outre plus de propriété lorsque le pouvoir de maîtrise qui était possible et qui était réel à moment donné ne l'est plus dans la suite, par exemple dans le cas de capture d'un animal sauvage qu'on laisse ensuite échapper. Le fait essentiel est la prise de possession de la part de l'homme, autrement un autre individu pourrait s'en emparer et posséder sans causer de tort à personne ; la prise de possession doit donc avoir eu lieu et il faut que l'homme puisse tenir physiquement l'objet à sa disposition.

Le lien intellectuel doit être défini de la façon suivante : l'objet occupé doit être utile pour le premier occupant et il faut que celui-ci ait la volonté d'en jouir indéfiniment à lui tout seul. C'est la seule raison de la propriété. L'occupation a été collective au début de l'existence des peuples, ce n'est que peu à peu avec l'évolution de leur civilisation qu'elle a cessé d'être collective pour devenir individuelle.

Nous exigeons en outre un lien moral entre l'occupant et la chose qu'il veut s'approprier. Le lien moral consiste dans le fait suivant : que les objets n'ont pas déjà été appropriés par autrui sans quoi l'occupation serait illicite et sans valeur, au point de vue du droit comme au point de vue de la morale.

Lorsqu'il y aura réunion de ces trois éléments, de ces trois liens, alors seulement il y aura acquisition de la propriété ce qui nous permettra de dire que la propriété consiste dans le droit exclusif d'employer une chose pour l'obtention de nos fins tout en respectant le droit des autres.

L'occupation comme titre originaire et fondamental de la propriété n'est pas admise par tout le monde, en effet les uns ont vu le fondement de la propriété dans la satisfaction des besoins (1), d'autres dans la nécessité

(1) Burlamaqui, *Droit de la Nature et des Gens*, page 443.
Bélime, *Philosophie du Droit*, t. II, p, 189.
Capareli, *Saggio teoretico di dirrito naturale*, nᵒˢ 339 et suiv.

sociale (1), d'autres dans le travail de l'homme (2), et
enfin d'autres auteurs, et non des moindres dans la
convention ou la loi (3).

Nous ne réfuterons pas ces différents systèmes, nous
nous bornerons seulement à démontrer l'erreur de ceux
qui ont prétendu que la loi ou la convention peut être
considéré comme le fondement du droit de propriété.
Ce système est adopté par beaucoup de théologiens,
principalement par Bossuet, Grotius le démontre assez
habilement, Montesquieu reprend ces idées et les ex-
pose d'une façon originale. « Comme les hommes ont
« renoncé à leur indépendance naturelle pour vivre sous
« des lois politiques, ils ont renoncé à la communauté
« primitive pour vivre sous des lois civiles. Les pre-
« mières lois leur acquiert la liberté, les secondes la
« propriété. »

Après Montesquieu, c'est Mirabeau, Robespierre,
Bentham. « Avant la loi, dit ce dernier, pas de propriété ; ôtez les lois, toute propriété cesse. » On peut
citer également dans ce sens Fichta, Portalis, Fouillée,

____

(1) Comte, *Traité de la propriété*, tome I, p. 39.
(2) Bastiat, *Harmonies économiques*, spécialement p. 203, § 65.
    J. Simon, *La liberté civile*, p. 93.
    Courcelle-Seneuil, *Préparation à l'étude du Droit*, p. 105, 112,
      116.
(3) Montesquieu, *Esprit des Lois*, livre XVI, chap. IV.
    Mirabeau, *Histoire parlementaire*, t. V, p. 325.
    Bentham, *Traités de législation*, t. I, p. 196.
    Portalis, *Travaux préparatoires*, Fenet, t. XII, p. 258.
    Fouillée, *La Propriété sociale de la Démocratie*, p. 16.

qui admet qu'il y a eu convention tacite au début pour la constitution de la propriété, parce que l'appropriation de l'un est compensée, en moyenne, par celle des autres.

Pour réfuter ce système empruntons à Kant une objection fondamentale d'abord pour la convention. Le consentement même universel serait inefficace pour constituer la propriété individuelle, car pour qu'il eut une certaine valeur il faudrait que tous eussent déjà le droit de disposer, c'est-à-dire qu'ils fussent déjà propriétaires. La convention ne peut être l'origine première de la propriété. En outre, jamais il n'a pu exister un consentement universel, et y aurait-il consentement universel ce consentement ne peut lier les générations futures.

Pour ceux qui font remonter à la loi positive l'origine et le fondement de la propriété nous leur objecterons que c'est là un principe qui ne rend nullement compte des faits qu'il s'agit de justifier : la loi ne peut être un titre entre les nations qui n'ont pas de supérieur commun, ni de législation commune, et cependant les nations doivent respecter leurs propriétés et leurs droits respectifs, ainsi que les propriétés des individus appartenant à une autre nation.

En outre, nous constatons que cette doctrine a été condamnée expressément par toutes nos institutions depuis 1789, toutes reconnaissent la propriété comme droit naturel à l'homme,

La propriété nous apparaît donc comme étant de droit naturel, c'est une dérivation du droit naturel, dérivation antérieure à la loi civile et indépendante de celle-ci. Le rôle de la loi civile, variable avec les temps et les lieux c'est de garantir, de protéger le droit de propriété, mais elle ne crée pas ce droit pas plus qu'elle ne crée les droits de famille. « Le gouvernement, disait Locré, défend les propriétés, mais elle ne leur donne pas l'existence. »

La propriété dérivant du droit naturel il s'agit de définir le droit naturel, le droit naturel est cette vraie lumière qui éclaire tout homme venant à ce monde pour lui apprendre à distinguer le bien du mal, le juste de l'injuste, il est écrit dans la conscience humaine, il est proclamé par le consentement unanime des peuples.

Mais l'objection que l'on va nous faire est la suivante : puisque la propriété en général, la propriété du sol, par exemple, est de droit naturel pourquoi la propriété des mines n'est-elle pas aussi de droit naturel ? Pourquoi la propriété des mines en France dérive-t-elle de la loi civile, et pourquoi ne suit-elle point la propriété du sol par voie d'accession ?

Remarquons en premier lieu qu'au point de vue du droit on ne peut pas dire de la propriété des mines ce qu'on dit de la propriété du sol, à savoir qu'elle a comme titre originaire et fondamental l'occupation. Car il n'est pas exact de prétendre que celui qui le premier occupa une portion du sol et qui l'a défriché, qui se l'est approprié par son travail, ait occupé volontairement la mine qui existait sous ce sol, dans les entrailles de la terre et dont il ne soupçonnait pas l'existence. Le véritable occupant n'est pas le propriétaire mais l'inventeur qui a trouvé les gisements minéraux. En second lieu remarquons qu'au point de vue économique la France n'est pas un pays de grande propriété foncière mais un pays de petite propriété qui se divise de plus en plus et de jour en jour par l'effet incessant et obligatoire du Code civil, et étant donné que pour bien tirer parti d'une mine il faut un champ suffisant d'exploitation. Le législateur devait organiser la propriété minière indépendamment de la propriété du sol par le régime des concessions. Pour toutes ces raisons la propriété des mines a son origine dans la loi civile.

XII. — Tout ce que nous venons de dire sur la propriété minière semble nous avoir étrangement écarté de notre sujet au moins en apparence. Il n'en est rien, les quelques notions que nous venons de donner sur la propriété des mines n'avaient pour but que de mieux éclairer notre étude sur la propriété spéléologique. Aussi allons-nous reprendre tous ces principes et voir s'ils peuvent s'appliquer à la propriété des grottes.

En premier lieu à qui appartient la grotte ?

Comme pour les mines on peut concevoir 3 systèmes

principaux (1) : celui du droit d'accession, celui du droit domanial, celui du droit régalien.

Le système du droit d'accession est le système du droit romain, de l'ancien droit et du Code civil (art. 552). Nous l'avons repoussé et nous n'irons pas reproduire ici les critiques que nous lui avons adressées et exposer les tristes résultats auxquels il aboutit.

Dans le système du droit domanial la grotte appartiendrait à l'État qui l'exploiterait lui-même, ou qui l'affermerait ou qui la vendrait au plus offrant. Faut-il adopter ce système ? Nous n'en voyons pas l'utilité et nous ne concevons même pas les raisons sur lesquelles l'État se fonderait pour s'adjuger une propriété qui cadre mal avec ses fonctions ; l'État ne doit pas être un entrepreneur de visites spéléologiques, pas plus qu'il ne doit être un entrepreneur minier. N'est-il pas facile de constater que, lorsque chaque fois que l'État s'occupe de quelque chose il n'y réussit pas toujours à merveille. Le progrès ne doit pas consister à étendre outre mesure le rôle de l'État comme le réclament certaines doctrines très en vogue de nos jours, nous croyons que son rôle doit être restreint le plus possible et doit être limité aux seuls cas où il y a un réel intérêt public en jeu ; le progrès social doit consister à laisser le plus de place possible à l'initiative privée et le rôle de l'État

(1) Nous avons vu en effet que l'on peut proposer plus de 3 systèmes, nous en avons déjà repoussé 3.

doit être de favoriser. cette initiative et non de l'entra-
ver comme cela se présente trop souvent. Ensuite sur
quel droit l'État se fonderait-il pour se reconnaître une
telle propriété ? En vain invoquerait-il des raisons d'intérêt général, il n'y aurait de vrai dans cette attribution
de propriété que l'intérêt de l'État qui verrait certes
avec plaisir une source de revenus de plus, bénéfices
et revenus qui seraient vite dévorés par une armée de
fonctionnaires de toute sorte. Le rôle de l'État dans
l'exploitation spéléologique ne doit pas être un rôle
prépondérant, ce doit être un rôle tout à fait secondaire,
rôle de surveillance comme pour les mines.

C'est dans le système du droit régalien que nous trouvons le juste rôle de l'État, et aussi c'est le système du
droit régalien dont nous demandons l'adoption en
France, est le seul qui se comprenne et qui donne satisfaction à tous les intérêts en jeu et qui puisse faire
prospérer la spéléologie. Nous allons donc exposer ce
système du droit régalien en matière spéléologique tel
que nous voudrions le voir établi législativement en
France.

L'intervention de la puissance publique de l'État se
produit dans le système du droit régalien sous trois
chefs principaux : En premier lieu l'État règle la question de propriété spéléologique. La grotte appartient au
propriétaire du fonds conformément à l'article 552 dont
la partie finale doit être modifiée de la façon suivante :
« ..... sauf les modifications résultant des lois et rè-

« glements relatifs aux mines et carrières et aux grot-
« tes et avens ..... » Ecartons une objection que nous
feront les partisans du 3ᵉ système (chapitre IIIᵉ). Ne
peut-on pas proposer d'attribuer la propriété de la grotte
au propriétaire de l'entrée même si la grotte a des galeries
s'étendant sous les fonds d'autres propriétaires? Nous
repoussons cette modification ; en effet, tout en recon-
naissant qu'elle aurait comme conséquence de présenter
plus de simplicité dans cette matière et qu'elle éviterait
ainsi des chances d'erreur provenant de relevés trop
hâtifs et mal faits des galeries, il faut avouer que ce
serait là une dérogation trop grave aux principes du
Code civil, dérogation qui aboutirait parfois à des in-
justices flagrantes, par exemple dans le cas où l'entrée
de la grotte se trouverait située juste à la limite d'une
propriété, le propriétaire de l'entrée jouissant par suite
d'une circonstance tout à fait fortuite de la propriété
d'une grotte qui peut présenter des kilomètres de longueur et avoir une valeur énorme et cela aux détriments
de ses voisins.

Mais le droit du propriétaire spéléologique recevra
dans le système proposé une grave atteinte car la grotte
ne peut être exploitée qu'en vertu d'une concession délibérée en conseil de préfecture du département de la
situation après avis du conseil général. Nous n'accor-
dons pas ce pouvoir au conseil d'État, car il est trop
loin de la région dans la quelle se trouve la grotte et il
n'a pas en main tous les éléments nécessaires pour

examiner convenablement une demande de concession ;
le conseil de préfecture éclairé par un avis du conseil
général sera meilleur juge dans ces questions d'intérêt
local. On pourrait même au besoin décider que la concession sera délibérée en conseil général mais qu'elle
sera accordée par le conseil d'Etat. L'arrêté préfectoral
rendu à la suite de la délibération du conseil de préfecture doit accorder la grotte à qui il veut. Le conseil
de préfecture doit se laisser guider par les considérations suivantes : étant donné qu'il est d'intérêt général et en même temps local que la grotte soit exploitée dans les meilleures conditions possibles, il ne devra
la céder qu'à un individu possédant les capitaux nécessaires pour son aménagement touristique et qui pro-
duira des plans d'amélioration qu'il compte réaliser et
qui s'engagera à la faire connaître par une publicité très
grande afin d'y attirer le plus de touristes possible. A
l'acte de concession devra être annexé comme pour les
mines le cahier des charges. A défaut d'un individu et
même parfois par préférence, la concession pourra être
faite à une société commerciale de voyages en France (1),
ou à une société financière fondée pour son exploitation (2) ou même à une compagnie de chemins de fer.

(1) Les sociétés de voyages en France sont nombreuses chez nous,
citons : l'agence des voyages économiques, l'agence Lubin, la société
auxiliaire des chemins de fer, l'agence Desroches et la France pittoresque qui possèdent et exploitent la grotte de Dargilan (Lozère).

(2) Par exemple la société pour l'exploitation du Puits de Padirac.

Le propriétaire du fonds n'aura pas droit de préférence en cette qualité, il subira une expropriation forcée mais il ne sera pas complètement sacrifié car il est propriétaire et il ne cessera de l'être que si on lui paye une juste indemnité. Cette indemnité devra être fixée par l'acte de concession. Si le parcours de la grotte traverse plusieurs héritages chaque propriétaire aura droit à une indemnité, qui sera calculée d'après l'étendue et la beauté de sa partie souterraine.

A partir de l'acte de concession la grotte prend une existence distincte du fond, elle peut être vendue, aliénée à titre gratuit, hypothéquée séparément du fonds. Toutefois toute aliénation devra être soumise aux mêmes formalités que pour la concession. Les hypothèques du fonds ne la toucheront pas mais réserve toutefois des hypothèques antérieures à l'acte de concession ; ces hypothèques ne grèveront pas la grotte concédée, mais les créanciers hypothécaires verront transporter leur droit de la chose sur le prix de l'indemnité qui pour eux représente le prix de la grotte et du tréfonds. Cette indemnité ne sera pas annuelle, mais devra être payée en une seule fois.

Ce système que nous présentons n'offre que des avantages : en effet étant donné qu'il est d'intérêt public qu'une belle grotte soit exploitée, il faut la soustraire à l'arbitraire de son propriétaire qui ne tenant compte que de ses intérêts ou de ses caprices peut priver de

cette façon une région entière de toute une source de
revenus.

Le deuxième attribut du droit régalien consiste, en
un pouvoir et en un devoir de contrôle et de surveillance qui incombe à l'Etat et qu'il doit exercer. En effet,
s'il est de l'intérêt public qu'une grotte soit exploitée,
il est également de ce même intérêt qu'elle soit bien
exploitée. Le concessionnaire devra aménager la grotte
conformément au cahier des charges : à l'État d'y veiller ;
l'aménagement devra être confortable de manière que
hommes et femmes puissent la visiter sans danger et
sans trop de fatigue. L'aménagement d'une grotte consistant principalement en élargissement de galeries,
en pose de rampes et échelles en fer, en installation
d'ascenseurs ou en achat de bateaux pour la navigation
des rivières souterraines, l'État devra veiller à tous ces
détails, il devra veiller à la sécurité des touristes et des
guides, il devra également veiller à la conservation du
sol supérieur ; ainsi étant donné qu'on use parfois de
la dynamite pour agrandir une galerie, pourquoi n'y
aurait-il pas des circulaires administratives sur l'emploi
de la dynamite dans les grottes comme il y en a pour
les mines. L'État devra veiller également à la protection
des villages, des sources d'eaux minérales, des sources
d'eaux potables que des travaux exécutés à l'intérieur
de la terre pourraient obstruer et dériver.

Le troisième attribut du droit régalien pour l'Etat

consiste de sa part dans le droit de toucher chaque
année une redevance fixe et une redevance proportionnelle. Devons-nous étendre ces redevances en notre
matière ? Nous ne voyons pas qu'elle pourrait être la
justification d'une redevance fixe pour les grottes ; nous
préférons, et cela par faveur pour la propriété spéléologique, ne voir établir qu'une redevance proportionnelle qui s'élèverait à un tant pour cent sur les revenus
nets sans que cependant elle puisse s'élever au-delà
d'un certain taux. Une redevance proportionnelle est
bien suffisante, car il ne faut pas effrayer l'entrepreneur
spéléologique par un impôt fixe, non pas qu'il y ait beaucoup d'aléa au point de vue des bénéfices, mais étant
donnée l'indifférence ou plutôt l'ignorance du public sur
les grottes, ce ne sera qu'à la longue que les touristes
afflueront. Il faut pour qu'une grotte rapporte qu'elle
soit « lancée » dans le sens moderne du mot, et pour
cela il faut se livrer à des dépenses assez fortes et
attendre longtemps parfois. Pour ces raisons, nous pensons que la redevance proportionnelle est bien suffisante.

Pour assurer le rôle de l'Etat dans la législation des
mines, nous avons vu l'existence d'un conseil supérieur
des mines, d'ingénieurs en chef et d'ingénieurs ordinaires, agents et fonctionnaires du gouvernement. Nous
ne pouvons pas demander l'organisation d'un tel rouage
administratif en notre matière, du moins tant que l'exploitation spéléologique ne sera pas plus importante

qu'elle ne l'est actuellement. Nous estimons que un ou deux ingénieurs spéléologues suffiraient pour exercer ce contrôle administratif sur toutes les grottes exploitées de notre pays. Ils seraient rétribués par un traitement fixe et somme toute l'Etat ne verrait pas son budget des dépenses augmenter en créant deux fonctionnaires nouveaux, il aurait même avec nous plus à y gagner qu'à y perdre étant donné que nous lui procurons une nouvelle source de revenus : la redevance proportionnelle qui lui rapportera de plus en plus.

Telles sont les réformes que nous demandons ; il nous reste à examiner le fondement de ce droit à la propriété spéléologique telle que nous la concevons. Nous avons établi que le droit de propriété a un fondement naturel et ne repose pas par conséquent sur la loi civile, à l'encontre de la propriété minière qui a comme fondement la loi civile. Tous les développements que nous avons fournis l'ont démontré et s'ils ont trouvé place en cette étude, c'est qu'ils devaient nous servir pour la propriété spéléologique qui dans notre système a comme fondement la loi civile. La propriété spéléologique doit donc être assimilée à la propriété des mines à ce point de vue, car toutes deux reposent sur un acte de concession qui a son fondement dans une loi civile qui, pour les grottes existera bien un jour ou l'autre, nous l'espérons du moins.

DEUXIÈME PARTIE

—

DES AVENS

PROPRIÉTÉ ET PROTECTION ADMINISTRATIVE

CHAPITRE PREMIER

DE LA PROPRIÉTÉ DES AVENS.

—

XIII. — Pour tout aven se pose la question de propriété. A qui donc appartient l'aven ? Nous pourrions reproduire tous les développements relatifs aux grottes, mais c'est absolument inutile, bornons-nous simplement à constater que les mêmes difficultés relatives aux grottes se représentent identiquement en notre matière et que nous leur donnons les mêmes solutions.

XIV. — La question de propriété se présente ici avec le même intérêt et même avec plus d'intérêt dans certains cas, où la solution que l'on devra donner à des questions douteuses, dépendra de la question de propriété. En effet dans certaines régions de la France nous trouvons de véritables avens avec gisements de phosphate (1). Qui aura droit d'exploiter ces

(1) Avens du Quercy (Lot-et-Garonne).

phosphates ? Ce sera le propriétaire de l'aven, mais qui est propriétaire ? Pour l'exploitation de ces phosphates on devra du reste suivre les lois relatives aux carrières. (L'exploitation du phosphate étant assimilée à l'exploitation des carrières pour la France seulement, mais non pour l'Algérie). Outre les phosphates recelés dans l'aven il se peut que nous trouvions un amoncellement de guano, matière qui a une grande valeur commerciale (1) ; par conséquent la question de propriété sera encore ici de première importance. A coté de cette question que nous supposons tranchée par la solution donnée plus haut, comment le propriétaire de l'aven pourra-t-il exploiter cette mine de guano ? Devra-t-il obtenir une concession, ou bien a-t-il le droit de l'exploiter sans concession et sans nulle restriction. Nous ne pensons pas que cet amas de guano puisse constituer une mine, car les articles 2, 3 et 4 du titre Ier de la loi de 1810 sur les mines définissent et classent les matières minérales et nulle part on ne trouve rangé parmi elles le

(1) Spelunca, *Bulletin de la société de spéléologie*, année 98, page 46, signale que dans la Vercozs et sur le plateau de Glandaz (Drôme) existent des avens naturels ou des milliers de corneilles viennent passer la nuit. Ces puits sont fréquentés depuis des siècles par ces oiseaux qui nichent et passent la nuit dans des galeries latérales. Il n'y aurait rien d'étonnant que leurs déjections accumulées eussent formé un amas d'engrais aussi abondant que précieux et parfaitement utilisable pour l'agriculture.

Observation personnelle. — Aven de las quiaoulas, près d'Ispagnac (Lozère) possède au fond une couche énorme de guano de corneilles.

guano, c'est donc que son exploitation n'est pas classée parmi les exploitations minières. C'est donc que le propriétaire de l'aven seul a la propriété du guano et qu'il ne peut être exproprié pour son exploitation.

Ainsi le propriétaire de l'aven est, avons-nous dit, le propriétaire du dessus (art. 552 C. c.) car le propriétaire du fond est propriétaire du tréfonds. Si l'ouverture de l'aven et son parcours souterrain se trouvent situés dans une seule propriété, nulle difficulté, mais si l'ouverture est chez l'un et le parcours chez un autre, même solution que pour la grotte. Mais quelle solution donner lorsque l'ouverture de l'aven se trouve être partagée en deux par les limites de deux héritages voisins (1)? Les deux propriétaires sont-ils propriétaires par indivis de l'aven? Et si les limites des propriétés accordent les 5/6 de l'ouverture à l'un, et un autre sixième à son voisin en résultera-t-il que nous serons en présence d'un droit de co-propriété de deux individus dans le rapport de 5 à 6 et de 1 à 6? Les deux propriétaires de l'entrée ne sont-ils pas propriétaires chacun d'une partie divisée et déterminée de l'aven? Source de difficultés insolubles et cependant importantes lorsque l'aven présente une grande valeur soit au point de vue de sa beauté soit au point de vue des gisements de guano ou de phosphate qu'il renferme.

---

(1) Cela arrive assez souvent car les avens ayant une centaine de mètres de diamètre d'ouverture ne sont pas rares en France.

Aussi la réforme dont nous demandons l'introduction dans nos lois civiles pour les grottes nous la demandons également pour les avens pour les mêmes raisons, à savoir : propriété de l'aven au propriétaire du fonds mais exploitation en vertu d'une concession de la part de l'État moyennant une indemnité au propriétaire du sol. Le rôle de surveillance de l'État devra être ici encore plus actif ; en effet nous avons vu que l'État doit veiller à l'aménagement de la grotte afin que les touristes puissent la visiter sans danger ; mais tandis que dans les grottes l'accès est très facile et qu'on y pénètre aisément de plein pied, dans l'aven il faut souvent descendre des centaines de mètres à pic (1). Que le premier explorateur y descende attaché par une corde, c'est très bien, mais ce procédé serait trop dangereux pour les visiteurs et en pratique on substitue à ce procédé primitif des escaliers en fer, ou un ascenseur actionné par la vapeur, l'électricité, le vent. Dans cette exploitation l'État devra veiller avec attention à la sécurité des touristes.

(1) Le puits de Padirac présente un à pic de 75 mètres ; dans l'aven Armand le fonds se trouve être à 219 mètres du sol extérieur.

CHAPITRE II

DE LA PROTECTION DES AVENS.

—

XV. — Intérêt : Salubrité publique.
XVI. — Solution et réglementation administrative.

Sur les avens à côté de la question de propriété, pour laquelle on ne peut que répéter tout ce qui a été dit pour les grottes il y a un sujet plus intéressant à étudier c'est celui de leur protection. Qu'entend-on par protection des avens ? Avant de définir et d'entrer dans des explications il nous faut faire appel à la science pour éclairer de quelques notions précises les quelques idées courantes que l'on possède habituellement sur les avens. Ces notions nous allons les donner aussi brèves que possible, pour qu'elles ne paraissent pas déplacées dans ce travail.

XV. — Les recherches sur l'origine des sources dans les terrains fissurés ont servi jusqu'à ces dernières années à l'agriculture, afin de mieux utiliser les réservoirs naturels en en réglant le débit ; mais dans ces derniers temps, l'attention des hygiénistes s'étant portée d'une façon toute spéciale sur les dangers que la mauvaise qualité des eaux fait courir à la santé publique, des observations nombreuses ont établi que certaines maladies qui déciment périodiquement nos populations, en particulier la fièvre typhoïde ont le plus souvent leur source dans les eaux : vérité reconnue universellement de nos jours (1). Les choses en étaient là lorsque M. Martel créa de toute pièce la science spéléologique. A force de visiter des avens, d'en découvrir de nouveaux il s'aperçut que partout les habitants des plateaux calcaires où se trouvent des grandes excavations, puits naturels verticaux nommés selon les localités avens, abîmes, gouffres, igues, eydres, tindouls ou bétoires, avaient la mauvaise habitude d'utiliser comme égouts ou dépotoirs naturels ces puits en y jetant des immondices de toutes sortes, et surtout les bêtes mortes des fermes et villages. Cette pratique présente un avantage pour eux, car ils n'ont pas ainsi à enterrer profondément les bêtes mortes et d'autre part s'ils n'ont pas l'intention d'inhumer ces cadavres ils évitent ainsi leur transport lointain afin qu'ils pourissent loin des habitations sans les gêner par des émanations putrides. L'atmosphère locale y gagne sûrement, mais les sources avoisinantes y gagnent-elles ? Assurément non, car il peut arriver qu'un ruisseau

(1) *Petit Journal,* 27 avril 1888. Respect aux sources.

traverse le fonds du gouffre ou s'en approche, et alors l'eau courante ou l'eau d'infiltration délavant ces cadavres devient le véhicule de leur décomposition et parvient dangereusement souillée à la source où elle voit le jour. C'est là un danger pour la santé publique et ce fut M. Martel qui le premier signala ce danger dans une note communiquée à l'Académie des sciences le 23 mars 1892. Dans cette note ce savant spéléologue affirme que de 1888 à 1892 sur l'énorme quantité de gouffres qu'il a explorés il en a trouvé 40 qui communiquent plus ou moins directement avec les courants souterrains qui forment des sources qui servent à l'alimentation ou qui peuvent y servir. L'auteur signale avec raison ce danger et il le fait d'une manière d'autant plus pressante que lui-même faillit en être victime, ayant éprouvé les symptômes d'un commencement d'empoisonnement ptomaïque dus à ce qu'il s'était désaltéré à une source communiquant avec un aven qu'il avait exploré et au fond duquel il avait trouvé une bête crevée. Depuis ce moment M. Martel ne cessa de réclamer qu'on prenne des mesures contre cette contamination (1).

M. Louis Jourdan, député de la Lozère, a porté la question à la tribune de la Chambre des députés et a

___

(1) Voir compte-rendu de l'Académie des sciences, 21 mars 1892, 13 janvier et 16 novembre 1896, 29 novembre 1897, notes de M. Martel.
Du même auteur, *Les abîmes*, p. 44, 296, 340, 354, 365, 554.
    Id.   *Irlande et Cavernes anglaises*, p. 334.
Spelunca, *Bulletin de la Société de Spéléologie*, année 1898, p. 59.

attiré l'attention des pouvoir publics et de la Chambre sur ce sujet qui intéresse au plus haut point l'état de la santé publique ; il l'a fait accessoirement lors de la discussion du budget de cette année lorsque la Chambre a été appelée à examiner le chapitre 58 du budget de l'Intérieur, chapitre portant comme rubrique : « Matériel et dépenses diverses du service sanitaire 115,000 francs (1). »

Que conclure de cet exposé ? Nos conclusions seront les mêmes que celles du savant maître à qui nous avons emprunté ces notions si brèves, c'est que nous devons formuler deux vœux :

En premier lieu il faut connaître, rechercher quels sont dans les régions calcaires de France les puits naturels, car tous sont susceptibles de communiquer plus ou moins directement avec les eaux souterraines qui alimentent les sources de ces régions ;

En second lieu il faut interdire, soit administrativement, soit au besoin par des dispositions légales nouvelles, le jet des immondices ou des bêtes mortes dans les gouffres où une communication aura été reconnue et même dans toutes les excavations naturelles.

Reprenons séparément chacun de ces vœux et voyons quels seront les moyens de les réaliser en pratique.

En première ligne, nous avons demandé qu'on re-

----

(1) Voir *Officiel*, Débats parlementaires, séance de 30 janvier 1999, p. 225.

cherche les puits naturels qui sont susceptibles de communiquer plus ou moins directement avec les sources qui servent à l'alimentation des bourgs, villages et villes. Qui fera ces recherches ? Nous pensons qu'il faut laisser à l'initiative privée ce soin, en l'encourageant le plus possible. En France il se trouvera toujours des savants qui se chargeront de ces recherches, seulement étant donné qu'elles sont toujours très coûteuses et des plus pénibles, il serait désirable que l'État les encourage, soit par des conseils, soit par des secours pécuniaires. Nous avons demandé la création de postes nouveaux d'ingénieurs spéléologues, ils rendront en cette matière de notables services. Ce seront eux qui signaleront les avens intéressants à explorer au point de vue de l'hygiène publique, ce seront eux qui donneront des avis favorables ou non, aux demandes de subventions ou de missions scientifiques, ce seront également eux qui devront veiller à l'emploi des fonds de subventions ; guidés par la science ils n'iront pas au hasard dans leurs travaux, sachant par exemple qu'il ne peut y avoir de recherches utiles et profitables que dans les terrains calcaires, très fissurés, qui présentent justement la particularité des avens et le danger de contamination des sources ; car dans les autres formations géologiques, outre qu'il ne peut y avoir d'avens, les eaux sont filtrées par ces terrains qui retiennent les microbes et épurent par conséquent l'eau de tout germe morbide.

G. C. 6

M. Louis Jourdan, dans la séance de la Chambre des
Députés du 30 janvier 1899, concluait dans le même sens
que nous, au moins en grande partie, nous ne pouvons
faire mieux que de citer ses propres paroles : « Enfin,
« peut-être serait-il nécessaire d'affecter un crédit pour
« faire terminer — ce qui demanderait encore quelques
« années, je le crains — l'exploration des cavités sou-
« terraines innombrables où l'on n'a pas encore pu
« pénétrer. Pour cette année, je ne demande aucune
« augmentation de crédit à cet effet. Mais je prierai
« M. le Ministre de l'Intérieur et son éminent collabo-
« rateur, M. le Sous-Secrétaire d'Etat, de vouloir bien
« étudier la question qui nous occupe et nous apporter
« des propositions fermes dans le budget prochain. En
« attendant, ne leur serait-il point possible — et je le
« crois, en effet — de distraire du crédit de 115,000 fr.
« qui actuellement est à leur disposition pour les dé-
« penses sanitaires, une petite somme qui serait dès à
« présent affectée à poursuivre l'exploration de ces
« caves souterraines, afin de pouvoir les connaître, les
« signaler à l'attention publique, et apporter aussitôt
« que possible le remède qu'exige le mal? Cette ques-
« tion si importante a été jusqu'à ce jour abandonnée
« à l'initiative privée... les explorateurs ont dû faire
« des sacrifices considérables et poursuivre à leurs dé-
« pens les études et les recherches dans l'intérêt de la
« science et de la santé publique. Je dis que l'on ne
« peut pas abandonner à l'initiative privée une question

« de cette importance et je prie M. le Ministre de vouloir
« bien distraire du crédit qui lui est confié les quelques
« billets de mille qui seraient nécessaires pour con-
« tinuer ces études, ces explorations, et en tirer les
« profits que nous en attendons. » Mis en cause, le
Sous-secrétaire d'Etat de l'Intérieur a tenu à répondre
et a pris des engagements très fermes vis-à-vis de la
Chambre, en promettant de s'en occuper ; voici du reste
quelques phrases de sa réponse : « J'ai pensé que le
« ministère de l'Intérieur, que le service dont j'ai la
« haute direction, devait s'occuper immédiatement de
« cette question, et j'en ai saisi le comité d'hygiène pu-
« blique de France. Ce comité donnera un avis mo-
« tivé... Il nous dira s'il y a lieu, d'après lui, d'inscrire
« un crédit spécial au projet de budget du ministère de
« l'Intérieur pour 1900, afin que ces études soient
« poursuivies et qu'on puisse aboutir à des résultats
« pratiques. Le gouvernement ne négligera rien pour
« que toutes les mesures utiles soient prises afin de
« protéger à cet égard la santé publique en France. »

XVI. — Le second point de notre vœu, c'est l'interdiction administrative ou légale du jet des immondices
pouvant souiller les eaux souterraines. Faut-il pour cela
des dispositions légales emportant des pénalités sévè-
res, ou bien suffit-il d'un simple règlement administratif. M. Martel indique ces deux moyens sans choisir
lequel doit être employé dans sa première note commu-

niquée à l'Académie des Sciences. C'est ce point de vue juridique que nous allons examiner et discuter, et c'est pour cette raison que nous avons intitulé ce chapitre : De la protection des avens. La question à résoudre est donc la suivante : protection des avens soit légalement, soit administrativement. Et d'abord étudions là au point de vue de la réglementation légale.

Faut-il des dispositions émanant des assemblées législatives pour interdire la pollution des avens et de leurs sources ? Il semble bien que s'il y a quelqu'un qui doive ici intervenir, c'est le législateur qui doit réglementer tous les points d'hygiène ; or, que l'hygiène y soit intéressée, nul doute, la science l'a suffisamment démontré : l'hygiène publique, mais c'est alors une obligation et à la fois une dette sacrée pour le législateur de faire les lois nécessaires, pour parvenir à préserver les citoyens contre l'invasion des maladies contagieuses et des épidémies, qui portent atteinte à la vie humaine. C'est à lui à veiller sur la conservation de la santé publique, c'est à lui à prévoir ou à prendre les dispositions et mesures utiles pour arriver à ce résultat aussi bien sur les frontières de terre et de mer qu'à l'intérieur. S'il existe une foule de lois et règlements, cela ne s'est pas établi en un jour et la marche a été d'autant plus sûre qu'elle s'est appuyée sur la science. Il semble donc bien qu'il faille une loi pour prohiber ces pratiques signalées ; d'autant plus, que veut-on faire ? On veut empêcher un propriétaire de se servir de sa chose

à sa guise : c'est donc une atteinte au droit de propriété et pour porter une pareille atteinte il faut une
loi. Car le propriétaire de l'aven ne voulant pas l'exploiter s'en sert pour sa commodité personnelle : ce
sera dans cette excavation qu'il jettera tout ce qui l'em-
barrasse, toutes espèces d'objets consistant en vieux
fers, en bêtes crevées. Ce sera là un vaste dépotoir
naturel, vers lui il dirigera les rigoles d'écoulement
de ses champs avoisinants. Il use de son droit de propriétaire c'est assez dire qu'on ne peut prétendre rentrer chez lui et l'empêcher sans une loi : et du moment
qu'il y a urgence en la matière, nos législateurs n'ont
qu'à s'y mettre et qu'à édicter la prohibition d'une semblable pratique. Le législateur ne devra pas édicter une
simple défense, ce qui serait platonique quant aux résultats, il devra établir en même temps une pénalité très
sévère pour ceux qui l'enfreindront. Son rôle ne devra
pas seulement consister à prohiber et à punir, il devra
en outre veiller à ce qu'on ne soit pas tenté d'enfreindre
ses prohibitions, aussi devra-t-il décider que, chaque
fois qu'il est prouvé qu'un aven communique avec une
source, servant à l'alimentation, ou pouvant y servir fortuitement, on devra rendre inaccessible son entrée. —
Comment peut-on parvenir à ce résultat? C'est là une
question de pratique. Si l'orifice est étroit on le voûtera
solidement, si par contre il est vaste il devra être établie
une haute barrière tout autour pour empêcher le jet
d'objets quelconques. Cela présente en outre un avan-

tage pour le propriétaire : on évitera les accidents qui fatalement se produisent : chûte de bestiaux ou même chûtes de personnes, accidents fréquents lorsque la campagne est recouverte de neige et qu'on se trouve en pleine tourmente. Le premier procédé présente tous les avantages du second et même en offre un de plus : en effet en voutant on évitera l'essaimage des mouches et insectes venimeux que la présence des carcasses jetées attire au fonds et aux abords de l'abîme et qui vont y puiser une force nouvelle pour répandre dans les alentours les maladies mortelles. Les dépenses occasionnées par ces travaux ne peuvent pas être supportées par le propriétaire de l'aven, on ne peut pas à la fois porter atteinte à son droit de propriété et lui imposer une charge si lourde. Le législateur en faisant cette loi si utile devra donc décider que les frais des travaux seront à la charge des communes intéressées qui toutefois pourront demander une subvention au Département ou à l'Etat.

Nous croyons que ce raisonnement est exagéré et qu'il n'est pas utile de faire intervenir la puissance législative pour prohiber le pollution des eaux potables ; un simple règlement administratif suffit certainement. Car, s'il est permis à un propriétaire d'un fonds de s'en servir à sa guise, il est bien évident qu'il ne doit pas porter atteinte à la santé publique, et le ferait-il, les autorités administratives ont le droit de prendre les mesures de police nécessaires. Ce n'est pas seulement au législateur à veiller à la santé publique, c'est surtout à l'administration. Le pouvoir législatif n'est pas assez près des citoyens pour bien faire, il n'a pas assez de relations avec les cas particuliers pour intervenir sans cesse comme la pratique l'exige. Mais quelle est l'autorité administrativen compétente en cette matière ?

Nous pensons que c'est au maire d'interdire l'usage d'une semblable pratique. En effet, d'après les principes de la loi sur les pouvoirs du maire, et d'après une jurisprudence constante, il est reconnu que ce sont les maires qui sont particulièrement chargés de prendre les mesures relatives à la salubrité publique, soit qu'on les considère comme délégués de l'autorité administrative supérieure, soit qu'on les considère comme officiers de police judiciaire ou comme chargés de la police municipale dans leurs communes.

En cette matière, le premier de tous les principes est que l'autorité locale, la plus rapprochée de l'aven, source de contamination, ou mieux l'autorité de la situation doit ordonner ce qui est nécessaire pour garantir la sécurité des citoyens et défendre en conséquence tout ce qui est de nature à l'altérer. Il est facile de constater, quant à l'étendue des attributions de l'autorité municipale relatives aux mesures de salubrité, que la jurisprudence a donné à ses attributions l'extension la plus large. Il n'est pas intervenu de jurisprudence relativement aux avens, mais toutefois, si une espèce se présentait, nous ne croyons pas que les tribunaux supérieurs puissent en décider autrement. Ainsi, d'un arrêt de la Cour de cas-

sation nons extrayons le passage suivant : « tout ce qui
« est relatif à la salubrité publique est soumis au pou-
« voir réglementaire de l'autorité municipale qui peut
« défendre de laver à la rivière tel ou tel objet suscep-
« tible de corrompre l'eau et de la rendre nuisible aux
« habitants. »

Il sera fait ici application de l'article 97 de la loi
municipale du 5 avril 1884. Le début de cet article est
conçu en ces termes : « la police municipale a pour
« objet d'assurer le bon ordre, la sûreté et la salubrité
« publiques. Elle comprend notamment... 6° Le soin de
« prévenir par des précautions convenables, et celui de
« faire cesser par la distributions des secours néces-
« saires, les accidents et les fléaux calamiteux, tels que
« les incendies, les inondations, les maladies épidé-
« miques ou contagieuses en provoquant, s'il y a lieu,
« l'intervention de l'administration supérieure. » Ainsi
le maire a soin de prévenir, par des précautions convenables, et celui de faire cesser les maladies épidémiques
et contagieuses. Nous ne pensons pas qu'il puisse y
avoir doute sur ce point. Le maire a donc le droit d'intervenir par un règlement, et toute infraction à un règlement administratif sera puni conformément à l'article 471 § 15 du Code pénal « seront punis d'une amende
« de 1 à 5 francs inclusivement..... ceux qui auront
« contrevenus aux règlements légalement faits par l'au-
« torité administrative et ceux qui ne se seront pas
« conformés aux règlements ou arrêtés publiés par

« l'autorité municipale..... » Le maire, dans son arrêté devra prohiber le jet des immondices et ceux qui contreviendront seront punis d'une amende. La recherche des contraventions aux règlements concernant la salubrité publique aura lieu, comme pour toutes les autres contraventions, savoir : par les commissaires de police, les maires et les adjoints pour celles qui se commettent dans l'intérieur des villes, bourgs et villages, et par les maires et les gardes champêtres pour celles qui se commettent hors de l'enceinte des habitations.

Afin qu'il soit assuré qu'on ne contrevienne pas à sa prohibition, le maire devra provoquer l'action du gouvernement afin qu'il prenne les précautions nécessaires et utiles pour rendre inaccessible l'entrée de l'aven. Bien entendu les dépenses seront supportées par la commune : mais quelle est la marche à suivre afin de faire supporter ces dépenses par le budget communal ? Aux termes de l'article 35 de la loi du 16 septembre 1807 sur les dessèchements des marais « tous les travaux de « salubrité qui intéressent les villes et communes sont « ordonnés par le gouvernement et les dépenses sup- « portées par les communes intéressées », et l'article 36 ajoute « tout ce qui est relatif aux travaux de salubrité « sera réglée par l'administration publique ; elle aura « égard, lors de la rédaction du rôle de la contribution « spéciale destinée à faire face aux dépenses de ce « genre de travaux, aux avantages immédiats qu'ac- « quièrent telles ou telles propriétés privées pour les

« faire contribuer à la décharge de la commune dans
« des proportions variées et justifiées par les circons-
« tances ». L'exécution de ces deux articles reste dans
les attributions des préfets et des conseils de préfecture. Pour parvenir à cette exécution tant pour obtenir
la décision du gouvernement, que pour la formation du
rôle, il faut suivre la marche ordinaire qui consiste à
faire délibérer le conseil municipal, soit sur les travaux
à entreprendre, soit sur les avantages qu'en retireraient
les propriétés privées, soit sur les ressources disponi-
bles, soit sur la confection du rôle de la répartition de
la dépense à imposer. Le conseil de préfecture n'aura
à s'occuper que des contestations qui pourront naître
sur la quotité de plus value ou sur la répartition de la
contribution individuelle.

Telle était la solution que nous donnions à cette
question de droit avant la loi du 21 juin 1898 sur le
Code rural. Reste à savoir si cette loi n'est pas venue
résoudre la question dans notre sens. Nous estimons
pour notre part que la question ne peut plus être discutée et que le législateur de 1898 l'a tranchée, dans
notre sens et d'une façon très catégorique. C'est donc
au maire à prendre les mesures nécessaires pour le
prouver nous faisons argument des articles 18, 20, 21
et 27 de cette loi.

L'article 18 contenant des dispositions générales décide que ce sont « les maires qui sont chargés de veiller
« à tout ce qui intéresse la salubrité publique ». L'ar-

ticle 20 d'autre part précise et dit: « Il est interdit de
« laisser écouler, et de répandre, ou de jeter... soit dans
« les fontaines, dans les mares des substances suscep-
« tibles de nuire à la salubrité publique », et l'article
suivant ajoute : « les maires surveillent, au point de
« vue de la salubrité, l'état des ruisseaux, rivières,
« étangs, mares ou amas d'eau », enfin l'article 27 *in
fine* est fort catégorique : « ..... il est défendu de jeter
« des bêtes mortes dans les bois, dans les rivières, dans
« les mares..... » Ainsi la loi elle-même prohibe ces
pratiques déplorables que nous avons signalées. C'est
au maire de prendre les règlements nécessaires pour
faire observer la loi. Si le maire refusait de prendre les
mesures de police sanitaire, ce serait alors le préfet qui
devrait se substituer à lui et ce serait à ce dernier de
faire les règlements utiles à la salubrité publique.

Il faut assimiler au cas de refus du maire le cas suivant qui peut se présenter assez souvent en pratique :
un aven, source de contamination des eaux servant à
l'alimentation d'un bourg, village ou hameau, est situé,
dans une commune qui n'est pas intéressée à sa protection. Comme la compétence du maire est territoriale, il
est absolument certain que ce devra être le maire de la
situation qui devra prendre les mesures nécessaires ; il les
prendra sur la demande du maire de la commune intéressée. Si le maire de la situation se refusait à agir le
préfet en vertu de ses pouvoirs de police sanitaire sur

le département se substituerait à lui et ferait les règlements utiles à ce sujet.

La solution est la même dans le cas ou l'aven se trouverait dans un département et que la source contaminée
dans un autre. Le préfet intéressé doit s'adresser au
préfet de la situation qui invite les maires à prendre les
arrêtés utiles — il se substitue à eux en cas de négligence ou de refus. — Et si le préfet lui-même était né-
gligent ou refusait d'agir, le préfet intéressé devrait
s'adresser au ministre de l'intérieur, qui forcera le préfet
de la situation à prendre les mesures utiles.

Telle est notre solution et nous sommes sur ce point
en contradiction flagrante avec l'honorable député M.
Jourdan qui le premier a porté cette question à la tribune de la Chambre car pour sa part il pense qu'il faut
une circulaire ministérielle à ce sujet, circulaire enjoignant aux préfets de prendre des arrêtés prohibant
cette déplorable habitude. Citons à ce sujet ses paroles,
qui résument bien toute sa théorie : « Quel serait le
« remède à apporter à cet état de choses? Ce serait
« d'abord — et ici je m'adresse plus particulièrement
« au Gouvernement — ce serait une circulaire du Mi-
« nistre de l'intérieur, enjoignant aux préfets de pren-
« dre des arrêtés pour interdire le jet des bêtes mortes
« dans tous les abîmes ou puits naturels du territoire
« français. Je suis persuadé que M. le Ministre ne se refu-
« sera pas à faire cette circulaire et je suis persuadé

« aussi qu'il tiendra la main à ce que MM. les préfets
« la fassent rigoureusement appliquer. »

Point n'est besoin de circulaires ministérielles, d'arrêtés préfectoraux, la loi a décentralisé en cette matière ; aux maires à veiller, aux maires à prendre les mesures nécessaires, c'est le législateur qui leur impose cette obligation et il a bien fait, car ce sont eux qui sont les meilleurs juges de l'opportunité des mesures à prendre.

Tel est le système actuel de la protection des avens. Est-ce à dire qu'il n'y ait pas encore ici une petite réforme à demander ? Nous le pensons et pour nous nous voudrions voir élever les pénalités auxquelles sont soumis les délinquants à ces arrêtés du maire ; nous croyons qu'une amende de 1 à 5 francs n'est pas suffisante.

CHAPITRE III

RESPONSABILITÉ CIVILE DES PROPRIÉTAIRES EXPLOITANT LES GROTTES ET AVENS VIS-A-VIS DES TOURISTES ET DES GUIDES.

—

XVII. — Responsabilité vis-à-vis des touristes.
XVIII. — Responsabilité vis-à-vis des guides.

Une société ou un propriétaire exploitant une grotte ou un aven doit avant de le faire se demander quelle est la responsabilité, qui lui incomberait en cas d'accidents survenus aux touristes ou à ses guides (1). Cette question que se pose l'exploitant, nous devons nous la poser également, et nous voudrions donner un aperçu des solutions qui interviendraient en cas de litige et que nous croyons conformes aux principes du droit.

XVII. — Occupons-nous d'abord de la responsabilité vis-à-vis des touristes, car c'est certainement pour ces derniers que la question se présentera le plus souvent

(1) C'est ainsi qu'a agi la société de la grotte des Demoiselles (Hé-

et c'est certainement envers eux que l'exploitant encourra la responsabilité la plus forte. Remarquons dès le début l'absence de jurisprudence en cette matière. Il faut donc conclure, après cette observation, qu'il faut ramener la responsabilité de l'exploitant au droit commun, et il faut donc décider que l'exploitant ne serait responsable que lorsqu'une faute lui sera imputable personnellement. Il est impossible de dire *a priori* les cas où il y aura faute de la part de l'exploitant, ils peuvent être excessivement nombreux et dans chaque cas il y a des questions de fait et d'appréciation, que nous ne pouvons pas résoudre ; nous pourrions cependant indiquer un certain nombre de cas où sûrement il y aurait faute de l'exploitant, mais nous préférons les passer sous silence, et décider que la responsabilité du propriétaire exploitant doit être ramenée au droit commun pourvu que l'exploitant ait pris certaines précautions pour cela. Du moment qu'il fait payer un droit d'entrée à tous les touristes et qu'il fournit des guides, il est absolument certain que, si un accident survient, par suite d'un manque d'aménagement ou par suite de l'ignorance ou de la négligence des guides l'exploitant sera responsable. Il faut qu'il soit bien imbu de l'idée suivante : à savoir que du moment qu'il fait appel les touristes, il faut qu'il

rault) qui, avant d'aménager la grotte nous a demandé de lui donner en une consultation écrite un aperçu de sa responsabilité pour l'exploitation. Ce chapitre n'est qu'un résumé de la consultation juridique que nous lui avons adressée.

fournisse des guides sûrs et que l'aménagement soit
commode et ne présente nul danger. Ainsi l'abord d'un
puits devra être protégé par une rampe en fer, les
échelles en fer devront être solides et bien scellées dans
les parois, tout passage sur une corniche devra être
accompagné d'un garde-fou, les bateaux pour la navigation souterraine devront être stables et les bateliers
expérimentés. Il faut en plus de ces aménagements que
le touriste soit sûr de trouver pour la visite de la
grotte ou de l'aven des guides connaissant leur métier,
ayant beaucoup de sang-froid, énergiques et possédant la
grotte à fond. Ces guides devront avoir sous la main
tout ce qui leur est nécessaire pour faire visiter en détail toutes les parties de la grotte. Ils devront indiquer
aux touristes tous les passages dangereux et devront
les aider à les traverser. Ces derniers, par contre, devront suivre aveuglément tous leurs conseils et n'auront jamais de recours contre l'exploitant s'il leur
arrive un accident provenant de ce qu'ils ont outre-
passé les recommandations des guides. A part ces deux
points spéciaux, dont la non observation entraînerait
certainement, sûrement la responsabilité du propriétaire exploitant, nous croyons que sa responsabilité est
celle du droit commun; et par exemple, si par suite
d'un faux-pas, d'une faiblesse, un visiteur fait une chûte
et se casse un membre, il ne sera pas fondé à réclamer des dommages et intérêts, pas plus qu'il ne le
serait au propriétaire d'un château historique qui lui

laisse visiter ce monument sous la direction du concierge.

Pour éviter des procès et bien avertir les visiteurs, celui qui exploite la grotte fera bien à notre avis, de faire prendre connaissance à tous les touristes et ce avant leur entrée dans la grotte d'un règlement, qu'il aurait fait, et qui aurait pour conséquence de le mettre à l'abri de toute réclamation postérieure. Le début de ce règlement devrait ainsi être formulé :

Art. 1er. — « La société... avertit qu'elle n'est pas « responsable des fautes imputables à l'imprudence des « touristes. »

Art. 2. — « Les touristes devront se conformer ri- « goureusement à toutes les prescriptions des guides ; « ils ne devront pas s'éloigner d'eux et ne devront « jamais leur donner des ordres ayant pour but de « leur faire modifier leurs itinéraires ou de les faire « passer par des endroits dangereux. La société dé- « cline toute responsabililé relativement aux accidents « qui surviendraient aux touristes pour avoir contre- « venu et passé outre aux recommandations des gui- « des. »

En prenant ces précautions nous pensons que la responsabilité de la société ou du propriétaire de la grotte sera celle du droit commun.

XVIII. — Mais qu'en est-il de la responsabilité de la société ou du propriétaire qui exploite vis-à-vis de leurs guides ? Il nous semble là encore qu'il faut ramener la question de responsabilité à celle du droit commun. La société ne peut être responsable de tous les accidents qui surviendraient aux guides et qui proviendraient de leurs fautes ou de leurs négligences. Il faut absolument que l'accident provienne d'une faute imputable au propriétaire exploitant : par exemple si une échelle en fer s'était descellée sous le poids du guide, les scellements dans la pierre se trouvant détruits par suite de l'humidité du milieu.

Du reste pour que les guides ne soient pas surpris et qu'ils ne fassent pas des procès sur ce point il sera très bon et très utile de les avertir, qu'ils font là un métier dangereux, et qu'il peut leur arriver pas mal d'accidents, et qu'on n'est responsable que dans des circonstances très limitées, et que c'est du reste par suite du danger de leur métier qu'ils sont rétribués plus que les ouvriers et travailleurs ordinaires. Aussi le patron en passant le contrat de louage avec les guides fera-t-il bien de spécifier qu'il décline toute responsabilité vis-à-vis d'eux provenant des accidents survenant par suite de leur faute ou de leur imprudence.

CHAPITRE IV

CARACTÈRE DE L'EXPLOITATION SPÉLÉOLOGIQUE.

—

XIX. — Il nous reste maintenant à examiner une question juridique très délicate, c'est celle du caractère de l'exploitation spéléologique ; autrement dit c'est celle de savoir si l'exploitation spéléologique rentre dans la catégorie des actes de commerce ou dans la catégorie des actes civils. La question a bien son importance : intérêt de compétence, et en outre intérêt de savoir si un individu est commerçant ou non quant aux règles de capacité et quant aux conséquences qui en résultent ? Posons la question d'une façon générale, nous dégageant de toute hypothèse pratique et formulons-la de la façon suivante : l'exploitation spéléologique constitue-t-elle un acte de commerce ?

L'exploitation spéléologique consiste dans le fait de

percevoir de tout touriste ou de tout voyageur visitant
une grotte une somme déterminée, moyennant laquelle
on lui accorde le droit de visiter la grotte, et les services d'un guide pour le conduire dans cette visite.
L'exploitant de cette excavation naturelle peut être soit
un seul individu propriétaire ou fermier de la grotte,
soit une société fondée spécialement en vue d'exploiter
et ayant pour objet : l'exploitation. Cet individu est-il
commerçant ? Cette société est-elle commerciale ?

Au premier abord on est tenté de faire rentrer cet
exploitant dans la catégorie des commerçants. En effet,
le fait de percevoir habituellement de tout individu ou
visiteur une redevance, constitue bien un fait de commerce et il semble bien que le bon sens, la raison nous
indique que cette société ou ce propriétaire font là des
actes de commerce.

Telle est la solution qui nous est primitivement venue
à l'esprit, mais en approfondissant un peu les choses,
nous nous sommes vus obligés de repousser cette idée,
car nous n'avons pas pu lui trouver une base juridique
solide. En effet pour qualifier un acte de commercial,
il faut que la loi l'ait ainsi dénommé ; le Code de commerce (632 et suiv.) a donné une énumération de tous
les actes commerciaux, que l'exploitation spéléologique
n'y figure pas, cela n'est pas douteux et ne nous étonne
pas ; mais en outre il est impossible de faire figurer
cette exploitation dans une catégorie quelconque de ces
actes de commerce ; elle ne peut être assimilée à aucun

cas prévu par la loi. Cette énumération, d'après l'opinion unanime des auteurs et de la jurisprudence, étant limitative, nous ne pouvons pas y ajouter l'exploitation spéléologique sans un texte formel de loi ; et ici cette énumération a d'autant plus d'importance et est d'autant plus limitative qu'elle a pour but de soustraire à la juridiction de droit commun, la juridiction civile, des actes pour les soumettre à une juridiction exceptionnelle, la juridiction commerciale.

En présence de cette lacune de nos lois, nous sommes donc obligés de décider que le propriétaire exploitant sa grotte fait là un acte civil, tout comme un propriétaire exploitant une mine, une carrière ou des eaux minérales. L'exploitant serait-il un fermier ayant loué le fonds et le tréfonds que la solution serait identiquement la même. Le propriétaire tire parti de son fonds comme il peut, et ses actes sont civils.

La solution sera identiquement la même pour les sociétés se fondant pour l'exploitation des grottes et avens. Ces sociétés seront des sociétés civiles et cela même dans le cas où elles emprunteront la forme commerciale. Signalons toutefois une dérogation admise par le législateur de 1893 ; en effet, d'après une loi de cette époque, toute société constituée par actions sera désormais commerciale même si son objet est civil. Elle est commerciale en vertu de la forme et par la volonté de la loi. La solution que nous donnons ne nous paraît pas douteuse, mais est-ce à dire qu'elle nous satisfasse pleinement. Il n'en est rien et si nous avions à nous placer au point de vue de la législation nous dirions que l'exploitation spéléologique doit être considérée comme un acte commercial et cela par nature même.

XX. — A côté de la question sur la nature de l'exploitation spéléologique il s'en présente une autre, c'est celle de savoir si une société formée en vue de la spéculation sur les grottes est civile ou commerciale, en d'autres termes, une société ayant pour objet l'achat des grottes ou avens pour les revendre ou les louer dans la suite, est-elle commerciale?

La question nettement posée se remène, pensons-nous, à la question traditionnelle suivante : une société ayant pour but la spéculation des immeubles est-elle commerciale ?

La question est très discutée et est de nos jours généralement tranchée par les auteurs et par la jurisprudence dans le sens de la négative.

Les auteurs de l'affirmative raisonnent de la façon suivante : La loi tranche la question dans le sens de la commercialité en classant comme acte de commerce le fait d'achat de marchandises pour les revendre en l'article 632 du Code de commerce. Le mot marchandise doit être pris ici en son sens général et désigne même les immeubles. Car il faut remarquer que les immeubles se prêtent à des opérations analogues à celles qui ont lieu sur les meubles. Si leur valeur n'est pas aussi variable, si leur transmission n'est pas aussi facile on a cependant vu en certains temps et en certains pays des spéculations très vives sur l'achat et la vente des terrains. Il est très fréquent qu'un individu achète en bloc un domaine pour le revendre ensuite en détail ; c'est là un marchand de biens, dit-on en pratique. C'est qu'on trouve ici les deux éléments de l'achat commercial, y trouvons-nous le troisième et peut-on dire que tel achat porte sur des marchandises ? Assurément répète-t-on, car les opérations sur les immeubles sont les mêmes que les opérations sur les meubles, il est donc rationnel de leur attribuer ce même caractère à moins qu'il y ait un texte de loi s'y opposant. Il est certain que les meubles sont le plus souvent l'objet des transactions commerciales, mais ce n'est pas une raison pour cela de dire que les immeubles ne peuvent pas l'être ; les faits commerciaux sont des plus variés, ils changent avec la civilisation et le mouvement des affaires ; aussi ne doit-on pas interpréter rigoureusement les textes qui les prévoient (1).

Cette opinion n'a pas prévalu ni en doctrine, ni en

(1) En ce sens :

Beslay, *Commentaire du Code de commerce*, 1, nos 107-113.

Garsonnet, *Revue critique*, 1869, II, 325.

Ruben de Couder, *Dictionnaire du Droit commercial*, Acte de commerce, n° 91.

Paris, 24 mai 1849, D. 1850, 2, 11.

Paris, 18 octobre 1851, D. 1854, 2, 245.

Aix, 5 août 1868, D. 1868, 2, 209.

jurisprudeuce, et malgré tout ses efforts elle n'est pas
arrivée à démontrer, que dans la langue juridique et
dans l'usage les immeubles rentrent dans la dénomina-
tion de marchandises, ce qui serait nécessaire pour que
l'article 632 puisse s'appliquer. Soutenir le contraire
ce serait en effet aller à l'encontre du sens naturel du
mot marchandise. L'idée du commerce a toujours en-
traîné avec elle l'idée de circulation, de transport, or
l'idée de transport n'est pas applicable aux immeubles,
quoiqu'ils soient susceptibles d'une circulation intellec-
tuelle par une série de translations de propriété. Ainsi
l'idée de la loi suppose naturellement des choses se dé-
plaçant, se transmettant de la main à la main. Telle
était bien l'idée des rédacteurs du Code civil pour la
distinction des meubles et immeubles correspondant
d'après eux à la distinction des choses commerciales et
des choses civiles (1). Les spéculations sur les immeubles n'étaient pas inconnues au moment de la rédaction
du Code (spéculations multiples sur les biens des émi-
grés) et si le législateur avait voulu les ranger au nombre des actes de commerce il n'aurait pas manqué de le
faire. Cette façon de voir est corroborée par l'observation suivante : si l'immeuble est une marchandise,

____

(1) « La distinction des immeubles et des richesses mobilières nous
« donne l'idée des choses proprement civiles et des choses commer-
« ciales. Les richesses mobilières sont le partage du commerce, les
« immeubles sont particulièrement du ressort de la loi civile. » Portalis, *Discours préliminaire sur le Code civil*. Locré I, p. 300.

l'achat d'une maison ou d'un domaine pour spéculer sur la location est commerciale et les propriétaires louant les maisons ou les fonds de terre sont des commerçants ; or cela est inadmissible et cette solution est repoussée par tous les auteurs même ceux qui sont partisans de l'affirmative de cette question. En outre il est bon à l'appui de notre doctrine de remarquer que tous les textes réglant la compétence des tribunaux de commerce en premier et dernier ressort, ne font aucune allusion aux matières immobilières qui pourraient leur être soumises. L'article 639, 2ᵉ nous fournit un argument de texte : la loi du 16, 24 août 1790, titre 4, article 5 relativement à la compétence des tribunaux civils parlait séparément des actions mobilières et immobilières tandisque l'article 639, 2ᵉ pour la compétence des tribunaux de commerce ne reproduit et ne parle que des actions mobilières (1).

La solution que nous donnons n'est-elle qu'une décision arbitraire de la loi ? ou bien est-ce la nature des choses qui le veut ainsi ? Un arrêt de la Cour de cassation décide que c'est la nature des choses qui exige cette solution et il exprime cette idée dans les termes

(1) En ce sens :
Boistel, *Traité de Droit commercial,* nᵒ 36.
Thaller, *id.* nᵒ 18.
Lyon-Caen (8 vol.) *id.* nᵒ 109.
Paris, 15 février 1888, D. 68, 2, 208.
Paris, 31 janvier 1889, S. 89, 2, 80.

suivants : « Les immeubles résistent par leur nature
« aux conditions pour lesquelles une chose peut être
« réputée marchandise ; ils ne comportent ni dans leur
« transmission, ni dans leur évaluation à un prix déter-
« miné, ni dans leurs produits, ou modes de jouis-
« sance et de consommation, la simplicité, la rapidité
« et les facilités que requiert le négoce et qui font qu'une
« chose passe sans entraves et presque sans forma-
« lités de mains en mains avec une valeur rigoureuse-
« ment appréciable et un prix courant qui la suit tou-
« jours et la remplace au besoin (1). » Adopter cette
façon ce serait confondre ce qui est de la nature de la
commercialité avec ce qui est de son essence. Reconnaissons donc que la nature immobilière d'un bien ne
s'oppose pas à ce qu'il soit l'objet d'une spéculation
commerciale et que le législateur aurait pu comprendre les spéculations sur les immeubles dans l'article 632.

En résumé le fait d'acheter des immeubles pour les
revendre ne constitue pas un acte commercial d'après
la majorité de la doctrine et la jurisprudence. Appliquant cette solution à notre espèce nous décidons qu'une
société ayant pour objet l'achat de grottes pour les revendre ne serait pas commerciale. Mais faisons une
réserve : si cette société revêt la forme commerciale
elle ne sera pas commerciale pour cela elle aura seulement certains avantages de ce chef, à moins toutefois

____

(1) Chambre des Requêtes, 4 juin 1850. D. 1850, I. 163.

qu'elle ne prenne la forme d'une société anonyme ou en commandite par actions. Dans ce cas et dans ce cas seulement elle sera commerciale de par la volonté de la loi. La loi du 1er août 1893 le décide ainsi et parmi les principales conséquences il faut signaler l'application de la faillite et de la liquidation judiciaire.

DES CATACOMBES

PROPRIÉTÉ ET RÉGLEMENTATION

DES CATACOMBES

DE LA PROPRIÉTÉ ET DE LA RÉGLEMENTATION ADMINISTRATIVE (1).

—

XXI. — De la propriété.

XXII. — De la réglementation dans l'ancien droit.

XXIII. — De la réglementation en droit actuel.

Il nous reste à examiner une question qui n'est pas dénuée d'un certain intérêt pratique et qui présente bien des rapports avec la propriété spéléologique, c'est

(1) Bibliographie sur les Catacombes :

Mémoires sur les travaux ordonnés dans les carrières, par Guillaumot, in-8 ; Paris, 1797.

Mémoires sur les travaux de l'inspection des carrières, par Guillaumot, in-8 ; Paris, 1805.

Essai sur les catacombes de Paris, par T. D., in-8 ; Paris, 1812.

Description des catacombes de Paris, publiée par ordre de M. Frochot, préfet de la Seine, in-4 ; Paris, 1812.

Description des catacombes de Paris, par Héricart de Thury, in-8 ; Paris, 1815.

Notice sur les carrières souterraines de Paris, par Lefébure de Fourcy, in-8 ; Paris, 1859.

Les catacombes de Paris, par Imbert ; Bruxelles, 1876.

Les autres ouvrages publiés sur les catacombes ont tous un caractère technique.

la question de propriété et de réglementation des Catacombes existant à Paris : c'est-à-dire d'une propriété
spéléologique artificielle.

Les catacombes sont d'anciennes carrières exploitées
par galeries souterraines et qui sont de nos jours abandonnées. Ces catacombes ne se présentent que dans
certains quartiers de la rive gauche, dans la zône des
calcaires grossiers; on extrayait et on retirait le calcaire comme pierre à bâtir. D'autres catacombes se
trouvent sur la rive droite à Belleville et à Montmartre
dans la zône du gypse, exploitable pour le plâtre; enfin
l'on en trouve encore en dehors de Paris. A qui donc
revient la propriété de ces cavités spéléologiques artificielles ?

XXI. — Nous nous trouvons en présence d'un principe très certain et affirmé depuis très longtemps dans
l'ancien droit comme de nos jours et d'après lequel la
propriété du dessus emporte celle du dessous. C'est par
conséquent l'article 552 du Code civil qui régit la matière et qui recevra sa pleine application et cela sans
restriction.

Donc toutes les catacombes se trouvant sous les
voies publiques, sous les monuments appartenant au
domaine public ou privé de l'Etat ou de la Ville appartiennent à ces personnes morales; celles au contraire se
trouvant sous les propriétés particulières appartiennent
à ces propriétaires.

Mais étant donné que les catacombes présentent un véritable danger au point de vue de la sécurité publique, il y a lieu à les réglementer afin d'éviter les affaissements du sol ; et on aboutit ainsi à une restriction du droit de propriété. C'est cette réglementation que nous allons examiner.

XXII. — Si au point de vue historique nous n'avons rien pu dire sur la propriété spéléologique et sa réglementation, ici par contre ce sera différent et nous examinerons la réglementation historique des catacombes.

Au point de vue historique, nous voyons que l'exploitation par carrière ou catacombe remonte sûrement à la fin du XIe siècle. Cependant, de nombreux indices, et surtout des faits rapportés par d'anciens historiens de Paris, tendraient à prouver que des amorces d'exploitations souterraines à flanc de coteau, devaient exister antérieurement au IVe siècle. Par suite du manque de surveillance des premières exploitations souterraines, aucune méthode ne présida au tracé régulier des galeries, et, comme les ordonnances de police, relatives aux carrières, sont toutes postérieures au XVIe siècle, et n'avaient point de sanction pour ainsi dire, puisque le délit restait la plupart du temps ignoré. les carriers purent à leur aise tailler, rogner, enlever la pierre partout où bon leur semblait, sans demander d'autorisation à personne. C'est pour cela qu'un certain nombre de nos voies publiques les plus anciennes ont leur sol excavé. La nécessité d'une réglementation se faisait donc sentir. Cependant, ce n'est qu'en 1776 qu'une réglementation fut appliquée d'une manière efficace à l'exploitation des carrières; quelques essais avaient bien été tentés dans le sens mais sans résultats appréciables. Une ordonnance de police du 10 septembre de l'an 1600, portait « que toutes carrières et autres lieux creux et ouverts sur les chemins près et ès environs d'iceux » seraient remplis et comblés. Le Conseil d'Etat rédigeat, à plusieurs époques, des arrêts pour protéger les chemins et ouvrages publics. Le premier de ce genre fut celui du 9 mars 1633. Il édictait des mesures répressives contre tous les carriers qui extrayaient la pierre à moins de quinze toises des grands chemins, des conduits de fontaines et autres ouvrages publics, et désignait même un juré-carrier chargé de visiter les lieux en péril imminent.

Le 17 décembre 1686 les Trésoriers de France, chargés de la police des routes, rendirent une ordonnance aux termes de laquelle il était défendu aux carriers et autres de fouiller et couper les chemins.

Le 23 décembre 1690 un deuxième arrêt du Conseil d'Etat fit défense d'ouvrir des carrières « dans l'étendue « et aux Reins des forêts sans la permission de Sa Ma- « jesté et l'attaché des grands maîtres ».

Malgré ces arrêts et ordonnances, les carriers n'en continuèrent pas moins à exploiter la pierre au-dessous des endroits interdits, et le Conseil d'Etat, saisi de nouveau de la question, rendit, le 14 mars 1741 un arrêt très complet, portant règlement pour l'ouverture des carrières voisines des grands chemins.

Pas plus que les autres règlements, celui-ci, qui avait été provoqué par la constatation qu'on sous-minait en plusieurs endroits, la route de Paris à Bourg-la-Reine, ne semble avoir intimidé les carriers.

Le bureau des Finances (Trésoriers de France) vint à la rescousse. Par une ordonnance, en date du 29 mars 1754, il appuyait l'arrêt du Conseil d'Etat du 14 mars 1741 et essayait, timidement il est vrai, de donner une sanction à ses ordres en faisant dresser l'état de toutes les carrières existantes.

Le 17 mars 1761 le bureau des Finances sévissant pour la première fois, condamnait à 300 livres d'amende un nommé Catela, qui avait ouvert une carrière dans l'intérieur de sa maison située rue Saint-Jacques, vis-à-vis le Val-de-Grâce, et fouillé jusque sous la voie publique. Il ordonnait en même temps que ces règlements précédents et ceux du Conseil d'Etat, concernant les carriers seraient exécutés ; qu'en conséquence un état général de toutes les carrières existantes dans la banlieue de Paris serait dressé, ainsi que le plan de ces carrières « si besoin était ».

Le 5 avril 1772, le Conseil d'État prenait aussi un arrêté confirmatif des précédents et des dispositions de l'ordonnance du bureau des Finances de 1754. Les Trésoriers renouvelaient le 30 avril de la même année, leurs défenses et ordonnances précédentes, concernant la police des chemins, ainsi que la disposition spéciale du 17 mars 1761 relative à l'établissement d'un état de toutes les carrières existantes dans la généralité de Paris.

Mais ces règlements présentaient de grandes difficultés d'exécution ; leur effet ne pouvait être que momentané, puisque la surveillance des carrières n'était pas constante ; d'ailleurs, ils n'atteignaient que les exploitations en activité. Quant aux nombreuses fouilles souterraines abandonnées qui faisaient courir les plus grands dangers aux chemins et édifices, les dispositions répressives des règlements n'étaient évidemment pas applicables à leurs anciens exploitants, inconnus et disparus pour la plupart ; on n'osait s'y aventurer que très timidement et les rapports des personnes « commises à leurs visites », jurés, carriers, experts, procureurs ou autres, ne pouvaient que constater leur état d'abandon et de dégradation.

A la longue, des accidents inévitables survinrent. En 1773, 1774, 1775 et 1776 plusieurs effondrements se produisirent dans le sol de certaines voies publiques, menaçant d'entraîner la chûte des bâtiments situés à proximité. Les habitants, jusque-là si confiants dans la solidité de leurs maisons, furent pris d'un effroi assez explicable, et adressèrent de nombreuses plaintes au roi. Devant un pareil état de choses, le gouvernement dût prendre des mesures énergiques, et la créa-

tion d'un service spécial de consolidation et de surveillance des carrières fut décidé.

La jurisprudence avait décidé de sévir contre les
propriétaires négligents, qui construiraient sur leur terrains, sans prendre les mesures nécessaires pour consolider leurs catacombes; et c'est ainsi qu'en juillet
1777 une maison s'effondra sur le chemin de Vaugirard
et que son propriétaire, un maître maçon du nom de
Rongélin fu condamné à 300 livres d'amende, par jugement du lieutenant-général de police, pour avoir
négligé de la consolider, attendu, dit l'arrêt « qu'il
« n'était pas sans ignorer l'existence de carrières en
« mauvais état sous son bâtiment ». Pareille mésaven-
ture arriva, et même amende fut infligée, à chacun des
entrepreneurs d'un hôtel en construction, de la rue
Notre-Dame-des-Champs sous lequel un effondrement
se déclara.

XXIII. — Ainsi une obligation légale s'impose à
tout propriétaire voulant construire, c'est celle de s'assurer que chez lui il n'y a pas de catacombes et s'il en
existe de les consolider. Cette obligation, qui a son origine dans ces ordonnances royales, existe encore de nos
jours et ce sont des fonctionnaires qui en assurent l'exécution. A l'origine le personnel de l'Inspection des carrières comprenait un inspecteur général, trois inspec-
teurs particuliers, quatre géomètres et trois commis
surveillants. La composition a été quelque peu modifiée

depuis et à diverses époques par suite de la réunion du service des carrières à celui des mines. Actuellement il comprend :

Ingénieurs et Agents de l'État.

1 Ingénieur en chef des Mines, inspecteur général ;
1 Ingénieur ordinaire des Mines, inspecteur particulier ;
6 Contrôleurs des Mines.

Agents de la Ville.

5 Conducteurs municipaux ;
5 Piqueurs.

Soit au total : deux ingénieurs et seize agents, dont trois sont spécialement attachés à la surveillance des carrières en activité.

Dès que le service de l'Inspection des carrières fut organisé, on se mit à l'œuvre avec ardeur, pour réparer les dégâts qui s'étaient produits dans la plupart des parties fouillées, pendant les siècles de négligence et d'abandon. Les vides des carrières avaient un développement immense, car l'enceinte de Paris, en s'élargissant de tous côtés, au nord comme au sud, avait successivement englobé de nombreux terrains sous-minés. Les maisons particulières et les monuments, construits avec les matériaux qu'on retirait des environs, avaient consommé une énorme quantité de pierre, laissant à la

place de celles-ci des cavités dans lesquelles Paris, qui
en était sorti, aurait pu rentrer. De nombreuses briga-
des de géomètres y pénétrèrent ; les plans furent dres-
sés avec la plus rigoureuse exactitude et dès lors on
put exécuter les travaux que nécessitait la sécurité des
quartiers excavés.

Mais en ce qui concerne les carrières il ne faut pas
oublier la distinction que nous avons établie plus haut :
à savoir catacombes appartenant aux particuliers, et
catacombes appartenant à l'Etat ou à la Ville. Pour les
catacombes appartenant à des propriétaires ordinaires
il ne faut pas oublier que si la propriété du sol emporte
la propriété du dessous c'est avec toutes ses charges
comme avec tous ses profits. L'administration n'a donc
point à intervenir de ses deniers dans les travaux souterrains entrepris par les particuliers pour la consolidation de leurs immeubles ; et lorsque l'état de la carrière,
sous les voies publiques, nécessite l'établissement de
piliers situés mi-partie sous les rues et mi-partie sous
les murs de face des maisons, elle serait fondée à réclamer aux propriétaires une part contributive de la dépense. Cependant elle n'a jamais procédé de la sorte, et
tous les frais des travaux se rattachant à la sécurité
des voies publiques, qu'elle a exécutés jusqu'à présent
sous les édifices privés, ont été supportés entièrement
par le budget de la ville ou par celui du département.

Jusqu'en 1881 même elle ne s'était pas immiscée
directement dans la consolidation des maisons, se bor-

nant simplement à prévenir officieusement les intéressés lorsqu'il existait un danger quelconque. Mais à la suite d'affaissements importants du sol sous des propriétés privées (1) et qui furent cause de procès, sur la proposition du Service des Carrières et après avis du conseil des ingénieurs et du Conseil municipal, le préfet de la Seine, par un arrêté en date du 18 janvier 1881, décida qu'à l'avenir, les propriétaires de terrains situés sur d'anciennes carrières, seraient tenus de consolider leur sous-sol avant d'édifier à la surface un bâtiment quelconque.

Ainsi l'existence d'anciennes carrières au-dessous des voies d'édifices publics et propriétés privées entraînent des dépenses parfois considérables pour leur consolidation. Ces dépenses semblent d'autant plus lourdes aux particuliers, qu'ils sont généralement enclins à considérer comme perdues les sommes qu'ils sont obligés « d'enterrer » et qui paraissent dès lors ne rapporter aucun intérêt. En réalité, pourtant, ce n'est point de l'argent mal placé que celui qui sert à assurer la stabilité et la sécurité des bâtiments. D'abord l'utilité des travaux de consolidation est incontestable, et ceux-ci n'auraient-ils pour résultat réel que de tranquilliser les locataires et les propriétaires eux-mêmes. Ensuite il faut bien remarquer que les terrains situés dans les régions sous-

____

(1) Accident du passage Gourdon (9 mai 1879).
(2) Accident du boulevard Saint-Michel, n° 79 et 81 (30 juillet 1880).

minées sont l'objet, depuis l'époque des exploitations,
d'une moins-value constante qui s'est transmise du premier vendeur au dernier acquéreur. Cette moins-value
doit entrer en ligne de compte et elle est représentée
par une partie de la dépense afférente aux travaux de
soutènement. Si l'on veut bien considérer les choses à
ce point de vue, évidemment rationnel, on s'aperçoit
de suite que, sauf dans certains cas malheureux, mais
très rares, il n'y a aucun intérêt lésé hormis celui de la
spéculation.

D'ailleurs, en certains cas, l'existence de carrières
est une source de revenus pour les possesseurs du sol.
En effet, on a utilisé et on utilise encore de nos jours,
une partie des vides existants. Divers industriels de
Paris les emploient comme caves et les grandes carrières
à « piliers tournés » sont très recherchées surtout par
les brasseurs, qui trouvent là un emplacement tout indi-
qué pour la fabrication de la bière. Il y a même un
fabricant de colles, un marchand de salaisons, un grand
chocolatier qui ont installé leurs laboratoires dans les
anciennes carrières; — Il y a également un laboratoire
de recherches enthonologiques au Muséum dans les
catacombes du Jardin des Plantes, il a été fondé et
est dirigé par M. Viré, spéléologue de la première
heure et très distingué. C'est aussi dans les galeries
souterraines que se fait la culture du champignon co-
mestible, et principalement dans les carrières du sud de
Paris, des deux côtés de la Bièvre.

L'occupation des vides d'anciennes carrières dans Paris et le département de la Seine pour une industrie quelconque, est réglementée par un arrêté préfectoral en date du 30 juillet 1884. Les occupants doivent faire une déclaration préalable et fournir le plan des carrières occupées à l'administration.

Avant de finir ce travail, qu'il nous soit permis de reproduire quelques articles intéressants des deux arrêtés préfectoraux qui régissent les catacombes : c'est là le Code des catacombes ; si nous n'avons pas trop insisté sur la réglementation des catacombes, c'est que nous n'aurions pû que reproduire et commenter ces deux arrêtés. Le sens de ces arrêtés n'est pas douteux et étant donné qu'ils n'ont jamais figuré dans une étude juridique nous nous permettrons de les reproduire presque en entier :

RÈGLEMENT

relatif aux constructions élevées dans la zone des carrières de la ville de Paris.

———

18 janvier 1881.

Le Sénateur, Préfet de la Seine.

. . . .

Vu l'avis du Conseil municipal de la ville de Paris en date du 26 novembre 1880 ;

Considérant que les constructions exécutées sur le sol des carrières nécessitent des précautions spéciales dans l'intérêt de la sécurité publique,

ARRÊTE :

ART. 1er. — A l'avenir toute demande de construction ou de surélèvation de bâtiment, d'établissement de jambes étrières, etc., etc., sur des terrains situés dans la zône des carrières de la ville de Paris, sera l'objet d'un examen spécial de la part du service des carrières du département de la Seine, qui indiquera les mesures à prendre ou les travaux à exécuter pour assurer la stabilité des fondations des constructions.

ART. 2. — Tout constructeur qui demandera l'autorisation de bâtir ou de surélever des constructions, d'établir des jambes étrières, etc., etc., sur des terrains situés dans la zône des carrières de la ville de Paris, devra, avant de se mettre à l'œuvre, se conformer aux conditions particulières, qui lui seront indiquées par l'Administration dans l'intérêt de la sûreté publique.

ART. 3. — Il devra joindre aux plans dont la remise continuera à être effectuée dans les bureaux de la Préfecture, pour le service de la voirie, un plan d'ensemble destiné au service des carrières, représentant le périmètre de la propriété et les surfaces affectées aux constructions projetées avec l'indication exacte des distances de cette propriété aux angles les plus rapprochés des deux rues voisines. Il devra y annexer la coupe géologique des fouilles pour fondation et au cas où il connaitrait l'existence d'une carrière sous l'emplacement, l'existence de cette carrière.....

RÉGLEMENTATION
de l'occupation des vides d'anciennes carrières.

30 juillet 1884.

Le Préfet de la Seine,

. . . .

Vu le rapport du service des Mines, duquel il résulte qu'il y a lieu, dans l'intérêt de la sûreté publique de réglementer l'occupation des vides d'anciennes carrières, conformément aux lois et règlements précités,

ARRÊTE :

ART. 1er. — L'occupation des vides d'anciennes carrières souterraines, pour un usage quelconque, notamment pour la culture des champignons, est soumise aux mesures d'ordre et de police ci-après déterminées.

ART. 2. — Tout propriétaire ou entrepreneur qui veut continuer ou entreprendre l'occupation des vides d'anciennes carrières est tenu d'en faire la déclaration au maire de la commune où est située la carrière.

. . . .

ART. 3. — La déclaration est faite en deux exemplaires, elle contient l'énonciation des noms, prénoms, demeure du déclarant et la qualité en laquelle il entend occuper la carrière. Elle est signée par la personne qui se propose de faire usage de la carrière abandonnée, ainsi que par les propriétaires de la dite carrière.

ART. 7. — Les puits ou galeries par lesquels on entre dans la carrière seront constamment maintenus en bon état.

. . . .

L'abord de tout puits qui ne serait pas recouvert par une cheminée d'aérage sera défendu par une palissade ou par tout autre moyen de clôture offrant des conditions suffisantes de sûreté et de stabilité.

Les puits ou bouches de cavage donnant accès aux ouvriers occupés seront fermés pendant la nuit, de telle sorte que personne ne puisse y pénétrer. Il en sera de même pendant tout le temps de la cessation des travaux, si ceux-ci sont momentanément interrompus.

Les treuils, câbles, échelles et en général le matériel servant à l'entrée et à la sortie des ouvriers, seront solidement établis et constamment entretenus en bon état.

ART. 8. — Pour tout ce qui concerne la sûreté des ouvriers et du public, les occupants se conformeront aux mesures qui leur seront prescrites par l'administration préfectorale. . . . . .

CONCLUSION

—

Si ce travail pouvait attirer l'attention du législateur sur la propriété spéléologique, afin qu'il la réglemente d'une façon convenable, nous croirions avoir fait œuvre utile et bienfaisante pour elle. Nous avons fait voir le néant de nos lois sur cette partie de la propriété du sous-sol, nous avons montré à quelles conséquences déplorables on aboutissait en appliquant à des cas nouveaux et non prévus des articles du Code qui n'ont pas été faits pour eux. Nous avons fait voir qu'à côté de la propriété spéléologique il y a deux sortes de propriété qui sont réglementées légalement et administrativement : la propriété des mines et des catacombes ; nous avons fait voir que non-seulement elles sont réglementées mais que leur réglementation est surveillée par des fonctionnaires spéciaux. Le but de cette restriction au droit de propriété absolu et libre, c'est l'intérêt public ; or ne trouvons-nous pas en jeu encore ici l'intérêt public, et qu'a fait le législateur ? Rien. C'est à lui de combler les lacunes de nos lois. Nous avons le premier signalé ses lacunes, ses inconséquences : qu'il nous soit permis d'espérer que notre travail n'aura été et ne sera que le premier pas d'une législation nouvelle et que celle-ci ne se fera pas trop attendre.

Vu :

Le Président de la thèse,

A. BOISTEL.

Vu

par le Doyen,

GLASSON.

Vu et permis d'imprimer :

Le Vice-Recteur de l'Académie de Paris,

GRÉARD.

TABLE DES MATIÈRES

PREMIÈRE PARTIE

DE LA PROPRIÉTÉ DES GROTTES

DEUXIÈME PARTIE

DES AVENS

PROPRIÉTÉ ET PROTECTION ADMINISTRATIVE

TROISIÈME PARTIE

DES CATACOMBES

PROPRIÉTÉ ET RÉGLEMENTATION